Quand le caractère devient difficile avec l'âge

« C'est la vie aussi »
Collection dirigée par Bernadette Costa-Prades

« Si je savais que je devais mourir demain,
je planterais un pommier aujourd'hui. »

Martin Luther.

Claudine Badey-Rodriguez
Rietje Vonk

Quand le caractère devient difficile avec l'âge

Aider nos parents sans se laisser dévorer

Albin Michel

Introduction

Votre mère vous harcèle cinq fois par jour au téléphone ? Votre père vous abreuve de critiques ? Ils se plaignent tous deux que personne ne vient les voir, même quand vous êtes là tous les dimanches ? En prenant de l'âge, le caractère de nos parents devient parfois difficile. Coincés entre l'affection qu'on leur porte et l'agacement que leur comportement nous procure, nous sommes souvent envahis par la culpabilité ou la colère, toutes deux mauvaises conseillères... Les voir vieillir remue inévitablement des émotions chez l'enfant qui sommeille en nous. Leur diminution physique, leur exclusion du monde du travail entraînent parfois chez certains du ressentiment, de la tristesse, du repli ou encore du déni. Comment faire face à cette nouvelle situation ? Dans ce livre, vous ne trouverez pas de recettes toutes faites, tant les situations familiales et leurs interactions sont multiples. Mais en comprenant mieux les ressorts, souvent inconscients, qui sont en jeu dans la relation entre vous et vos parents, vous aurez des pistes pour réagir aux situations critiques et pour les accompagner sereinement sur le chemin de la vieillesse.

Chapitre 1
Le cap de la retraite

Le passage à la retraite peut être considéré par certains adultes comme le premier pas vers la vieillesse. Il arrive aussi que ce soit à ce moment-là que le caractère de nos parents s'altère...

«Vivement la retraite!»

C'est souvent quand ils commencent à évoquer leur retraite que nous nous rendons compte que nos parents vieillissent... La plupart du temps, ils en parlent avec plaisir et soulagement, car ils ont le sentiment de prendre un repos bien mérité, surtout s'ils ont un travail harassant ou peu valorisant. Ou encore si leurs dernières années d'activité ont été ponctuées de difficultés: peur de ne plus être à la hauteur, mise au placard doré, concurrence acharnée des plus jeunes qui «poussent» les seniors vers la sortie.

Pourtant, même s'ils sont en pleine forme et clament à qui veut l'entendre «Vivement la retraite!», même s'ils disposent encore à soixante-cinq ans de belles années devant eux, il reste que cet arrêt brutal du travail marque une rupture. Et, comme toute rupture, elle nécessite un profond réaménagement. Il y a un «avant» et un «après» la retraite...

Une période délicate

Quand on a été plombier, chirurgien ou journaliste toute sa vie, il n'est pas si simple de rejoindre la grande cohorte des «retraités», une tribu qui ne tient plus compte du statut précédent. Dans notre société, et plus particulièrement en France, on a tendance à se dissoudre dans son rôle professionnel, à être identifié par son métier. La perte de rôle social bien défini oblige chacun à se repositionner: perte de pouvoir, perte de la grande famille que constitue son corps de métier. Il suffit d'écouter les retraités parler de leur ancien travail souvent avec fierté, pour évaluer le deuil que cet arrêt d'activité représente. Quand cet arrêt est vécu dans un climat de déception et de frustration envers l'entreprise, quand il est imposé plus tôt que prévu, les conditions psychologiques ne sont pas favorables à la sérénité. Quant à ceux qui se sont beaucoup investis dans leur profession, sans développer par ailleurs d'autres sources d'intérêt, il n'est pas facile pour eux de se retrouver inactifs du jour au lendemain. Ces longues journées qui s'ouvrent devant soi, sans obligations précises, peuvent être très angoissantes quand cela fait plus de quarante ans qu'on s'est levé tous les matins à sept heures pour se rendre à son travail... Ce temps après lequel nos parents ont couru toute leur vie, voilà qu'aujourd'hui, ils en ont bien plus qu'ils ne le souhaitaient ! Bien sûr, chacun va réagir à sa façon. Certains vont profiter de ce nouveau temps libre comme d'une précieuse manne pour sortir, faire du sport, s'inscrire à toutes sortes de clubs. D'autres vont se noyer sous une tonne d'obligations associatives... Nous en connaissons tous de ces retraités surbookés qui déclarent, l'air satisfait : « Je n'ai plus une minute à moi, c'est encore pire que quand je travaillais ! » Ceux-là ont bien intégré le diktat de la société du jeunisme : on est jeune tant qu'on est actif ! Et de l'activité à la suractivité, il n'y a qu'un pas ! Parce que l'inactivité fait penser à l'ennui et peut évoquer une image de l'avancée en âge qui nous rebute, beaucoup d'angoisses se cachent parfois derrière cette frénésie pour remplir le vide. Enfin, d'autres retraités vont vivre cette nouvelle période sous le sceau de l'abattement. S'installer réellement dans sa retraite prend une bonne année. La phase de décompression peut faire partie du processus et est parfois nécessaire pour trouver de nouveaux rythmes, de nouvelles habitudes, construire de nouvelles relations. Les équilibres de vie sont mystérieux, et qui sait comment votre parent réagira face à une situation inconnue ?

Que sont les amis devenus?

Le passage à la retraite signe aussi une modification des relations sociales et amicales : terminés, les papotages à la cantine, les pauses à la machine à café ; finis, les pots et les galettes des rois... C'est tout un pan de vie qui disparaît. Bien sûr, nos parents vont conserver des liens avec les camarades de bureau devenus des amis, mais, pour peu que ces derniers continuent de travailler, les rythmes de vie différents vont sensiblement les éloigner. Quant aux amis qui partent aussi à la retraite, ou qui y sont déjà, le fait de les fréquenter avec assiduité ne va pas forcément être formidable. Ainsi, le charmant couple Durand qu'ils voyaient une fois par mois s'avère de sacrés raseurs..., ou des envahisseurs qui débarquent chaque jour à l'heure du café ! Et comme l'essentiel des relations amicales se sont nouées pendant les années de travail, il va falloir, désormais, apprendre à construire de nouveaux liens. C'est d'autant plus important qu'à ce moment charnière, les relations sociales peuvent se distendre ; la solitude et l'isolement risquent de s'installer subrepticement.

Le couple fragilisé

Les études menées sur la retraite montrent que le couple doit trouver un nouvel équilibre dans cette situation inédite et que les conjoints qui divorcent au seuil de la retraite sont de plus en plus nombreux.
Alors que les époux ne se voyaient que le soir et pendant les week-ends, et disposaient chacun d'espace et de temps à eux, voilà qu'ils se retrouvent soudain ensemble vingt-quatre heures sur vingt-quatre ! Votre mère, qui a tempêté toute sa vie contre votre père parce qu'il ne faisait rien à la maison, a maintenant le sentiment que son mari empiète sur son territoire parce qu'il s'est mis à faire les courses ou la cuisine ! Votre père découvre que votre mère l'agace à toujours être fatiguée et à ne jamais vouloir sortir. Les problèmes de

communication qui existaient déjà se révèlent au grand jour. La coupure occasionnée par le travail suffisait parfois à mettre à distance les difficultés. Plus difficile de passer l'éponge quand on a l'autre en face de soi en permanence ! De surcroît, les sujets de discorde ne manquent pas. Comment occuper son temps ? Chacun peut-il entreprendre des choses tout seul ? Que faire de l'argent ? Quelles relations entretenir avec les uns ou les autres, famille ou amis ? Vos parents peuvent aussi chercher à faire participer les autres, en particulier vous ! Cette nouvelle situation demande un réaménagement complet des relations et peut parfois poser problème.

Votre père insiste pour que votre mère sorte ? Mieux vaut éviter de prendre son parti en disant : « Maman, tu pourrais bien faire un effort ! » On peut les écouter, éventuellement leur conseiller d'en parler entre eux, ouvertement, mais ne faites pas pencher la balance d'un côté ou de l'autre, même si vous avez votre petite idée sur la question.

Si bon nombre d'activités sont faites en commun, l'expérience montre que les choses se passent souvent mieux quand ils peuvent continuer à avoir des occupations séparément. On peut les inciter à discuter du temps qu'ils passeront ensemble et du temps que chacun gardera pour soi. On peut leur suggérer de se répartir leur territoire au sein de l'appartement et que chacun ait un lieu bien à soi. Vous pouvez aussi exprimer le souhait de rencontrer parfois votre père ou votre mère en tête à tête (si vous en avez envie, bien entendu !) afin d'avoir une relation d'individu à individu et pas uniquement de couple à couple.

L'attrait de la jeunesse

L'âge avançant, l'identité sexuelle peut être atteinte : on a le sentiment de ne plus être désirable, on n'est plus prioritairement homme ou femme, mais retraité. Le jeunisme ambiant ne facilite pas les choses : au cours de sa vie, on est d'abord qualifié de jeune homme ou jeune femme, puis on est un homme ou une femme « d'un certain âge », puis un ou une « quinqua », avant de passer dans l'ensemble indifférencié des personnes du troisième âge.
Pour échapper à son malaise et au fait d'être à la maison à temps plein, votre père éprouve peut-être le besoin d'aller « voir » ailleurs. Pour fuir le spectre inéluctable du vieillissement, par peur de perdre une partie de leur virilité avec l'âge, certains hommes ont tendance à choisir des partenaires plus jeunes, pour tenter de se

maintenir jeunes eux-mêmes. Ils commencent parfois dès la crise du milieu de la vie, une époque où de nombreuses séparations ont lieu. La relation avec une jeune femme peut leur redonner confiance en eux, mais aussi augmenter leur anxiété : et s'ils n'étaient pas à la hauteur ? Alors qu'aujourd'hui ils vivent une seconde jeunesse, qu'en sera-t-il, dans dix ans, de leur différence d'âge avec leur compagne ?

Chez les femmes, le phénomène se rencontre moins fréquemment, car socialement c'est encore assez mal vu, mais les choses évoluent pour elles aussi. Quoi qu'il en soit, évitons de mettre tout accroc à la fidélité d'un senior de plus de soixante ans sur le compte de la crise de l'âge. Personne n'est en droit de donner un âge à l'amour véritable. Constater que nos parents ont encore un potentiel de séduction peut nous mettre mal à l'aise : pour nous, ils étaient désormais les grands-parents de nos enfants, point ! Nous n'avions pas l'habitude non plus de nous poser la question de leur sexualité ; peut-être même pensions-nous que ce n'était « plus de leur âge »...

Simple passade ou relation plus durable conduisant éventuellement à la séparation de nos parents, il s'agit de leur couple et nous n'avons pas à intervenir. Que savons-nous de l'histoire qui a pu conduire à cette situation ? La retraite, en nous mettant face à la réalité du temps qui passe, peut pousser certaines personnes à prendre des décisions qu'elles n'auraient pas prises plus tôt. Il serait malvenu, en tant qu'enfant, de prendre parti pour l'un ou l'autre de nos parents. Tout comme nous ne voudrions pas qu'ils interviennent dans notre vie sentimentale...

Là encore, souvenons-nous que leurs problèmes de couple et leur vie sexuelle ne nous regardent pas... Rappelons-le gentiment à notre parent « plaintif » qui cherche à nous rallier à « son camp »... Mais si l'un de nos parents se retrouve seul, il peut y avoir une souffrance qu'il est important d'entendre. On peut alors se montrer à l'écoute et compréhensif, sans pour autant rentrer sur le champ de bataille.

Une crise nécessaire

Étymologiquement, le mot « crise » vient du grec *Krisis,* c'est-à-dire « décision ». Ce qui signifie que rien ne pourra continuer comme avant. Malheureusement, aujourd'hui, on veut éviter de penser à cette nécessité de changement. Tout est fait pour gommer le passage. Or, on ne peut pas faire l'économie des questionnements, inutile de nier l'évidence. Jusqu'alors, on a pu éviter de se poser la question du sens de sa vie : on se levait le matin pour aller travailler ; le week-end, on était en famille ; on était en vacances pour récupérer ; si on se disputait avec son conjoint, c'était à cause du stress de la vie quotidienne et du manque de temps... On pouvait rendre l'extérieur responsable de ce qu'on faisait ou ne faisait pas : « Mon boulot me bouffe », « Je suis trop fatigué pour faire du sport », « Je ne suis pas disponible pour les autres, parce que j'ai trop de responsabilités ». Désormais, c'est votre parent qui doit donner du sens à ce qu'il fait, à ce qu'il décide, à ses relations, à sa vie actuelle ; il doit passer du rôle social à l'identité, accepter la logique du temps qui passe. Ce qui implique de regarder la réalité en face, de prendre le temps d'une vraie réflexion entre soi et soi. C'est le moment de se poser, de faire le bilan de sa vie passée, de son expérience socioprofessionnelle, de la vie d'homme ou de femme qu'on a menée jusqu'alors. Le début de la retraite est un sas où il faut apprendre à passer d'un état à un autre, et à accepter le changement de vie qu'il induit. Il est important à cette étape de leur vie que nos parents revisitent leurs valeurs. Il faudra bien qu'ils fassent le deuil non seulement de ce qu'ils ne seront plus, mais aussi, encore plus douloureux parfois, de ce qu'ils auraient voulu être. Ce n'est qu'une fois les désillusions «digérées» que l'on peut investir d'autres domaines. Cette reconversion peut prendre plusieurs mois, voire une ou deux années.

Attention, période à risque !

Il arrive que le malaise consécutif à la retraite n'arrive pas à s'exprimer autrement que par des symptômes physiques. Cela peut prendre la forme d'une kyrielle de petits maux, avec son cortège de plaintes. Cela peut aussi se traduire par des pathologies beaucoup plus graves (cancer, maladie cardio-vasculaire) qui vont se développer insidieusement. Il est prouvé statistiquement qu'il y a aujourd'hui une augmentation réelle de maladies dans les deux ans qui suivent la retraite. Certains se jettent à corps perdu dans l'activité comme si rien n'avait changé : pour eux, il suffit de continuer comme avant, simplement avec du temps en plus pour se faire plaisir. Ils peuvent donner l'impression que tout se passe sans problème, mais derrière les apparences se joue parfois un autre scénario, souvent inconscient. La retraite est un changement trop important pour qu'on puisse le négocier dans la légèreté et l'insouciance. On ne peut pas tricher longtemps avec ses émotions; il est probable que ceux qui négligent l'importance de la mutation en cours aient rendez-vous, un jour ou l'autre, avec leur histoire. La maladie et la plainte physique sont alors soutenues par le même besoin inconscient de se trouver une raison de souffrir: on n'arrive pas à surmonter et à exprimer sa souffrance psychologique, on tombe malade. La maladie exprime alors ce qui ne peut être dit: «Je préfère être malade qu'assumer toutes ces pertes, je troque mon statut de travailleur contre celui de malade. Au moins, suis-je toujours quelqu'un!» Pour diminuer ces risques, il faudrait une véritable préparation à la retraite, des stages sont d'ailleurs organisés par certaines entreprises pour leurs seniors. Ces stages sont intéressants si leur objectif n'est pas simplement de faire réfléchir les futurs retraités à ce qu'ils vont faire de leur temps vacant, mais aussi de les aider à commencer à construire un projet de vie. La préparation à la retraite, c'est trouver notre propre mode de fonctionnement pour remplacer les repères qui nous ont structurés pendant des années. C'est aussi apprendre à mettre des mots sur ses émotions, partager ses inquiétudes avec d'autres, mettre au jour les valeurs qu'on aurait envie de développer et, de ce fait, se sentir moins seul avant d'aborder ce saut dans le vide. Pour la plupart, après quelques mois de flottement, le gain en temps et en liberté suffira souvent à compenser les pertes. Pour d'autres, les bénéfices resteront encore à trouver.

Chouette, ils vont garder les enfants !

Lorsque nos parents arrivent à la retraite, on peut être tenté de vouloir en profiter, au bon sens du terme. Maintenant qu'ils ont du temps, ils vont pouvoir garder nos enfants, accompagner notre ado à son stage de hip-hop le mercredi, tondre la pelouse et repeindre le grenier... Après tout, on est débordé, ils peuvent bien nous aider, non ? Si certains parents peuvent être ravis d'être régulièrement mis à contribution dans leur rôle de grands-parents, il est possible que d'autres ne l'entendent pas du tout de cette oreille et n'aient pas envie de se laisser cantonner dans le statut de Mamie confiture et Papi jardinier ! Peut-être qu'ils voudraient bien profiter de leur nouveau temps libre à leur guise, même s'ils ont parfois du plaisir à emmener nos enfants au cinéma ou à nous rendre service. Les enfermer uniquement dans leur rôle de grands-parents, c'est oublier qu'ils sont encore prioritairement homme ou femme, avec leurs désirs propres et leurs projets. Si vous renvoyez à vos parents que, désormais, ils doivent prioritairement remplir leur rôle de grand-père et grand-mère, que c'est même leur devoir, il est possible qu'ils le prennent mal et qu'ils deviennent un brin désagréables ! Si vous sentez que vous avez glissé sur cette pente, essayez de la remonter en exposant la situation : est-ce que cela leur fait plaisir de vous aider ? Est-ce qu'ils en ont envie ou est-ce qu'ils s'y sentent contraints ? Pour préserver de bonnes relations avec ses parents, mieux vaut quelquefois continuer à utiliser les solutions qu'on avait trouvées avant qu'ils soient à la retraite.

Coucou, c'est nous !

Vous avez des parents un brin envahissants, qui ont toujours tout misé sur la famille ? Dès le premier jour d'inactivité, ils risquent de débarquer chez vous sans crier gare pour y passer leur première semaine de vacances, voire leur premier mois. Certains s'y entendent, sans mot dire, pour vous culpabiliser, sur l'air de « Nous avons beaucoup travaillé, nous avons le droit de profiter de toi, de ta famille et de nos petits-enfants ! ». C'est le moment d'être bien clair et de ne pas vous laisser happer par cette spirale de culpabilité. Si leur présence vous pèse, autant le dire tout de suite, plutôt que d'attendre que la situation devienne intenable. Vous risqueriez ensuite de dire des horreurs sous le coup de l'énervement! Mieux vaut leur expliquer gentiment que vous êtes ravi de les voir de temps en temps, mais que vous avez votre vie de famille, de couple. Oui, ils peuvent venir tous les mercredis, tous les quinze jours, tous les mois, c'est à vous de fixer le cadre en en parlant avec eux, et ce n'est pas à eux d'imposer leurs visites sous prétexte que c'est pour vous rendre service. Vous êtes chez vous... Sans s'installer à votre domicile, ils vous proposent peut-être trop souvent de garder vos enfants? Remerciez-les gentiment en leur disant combien vous êtes sensible à leur aide, mais expliquez-leur qu'il est important que vous gardiez vous aussi une part de contraintes et que, de leur côté, ils conservent du temps pour eux. Prenez garde de ne pas les brusquer pour éviter de les dévaloriser sur le mode «On ne veut même pas de nous pour nous occuper des enfants!». Parfois, certains grands-parents aimeraient bien rattraper ce qu'ils croient avoir raté avec leurs enfants (nous, en l'occurrence) et peuvent vivre très mal d'être mis à distance. S'ils ont le sentiment que nous les empêchons de «réparer», ils seront frustrés ! Prendre en compte cette dimension peut nous aider à couper la poire en deux, entre leurs demandes pressantes et nos propres désirs. Enfin, cela peut-être le sentiment de solitude, le manque de relations sociales ou encore la jalousie (inconsciente) qui les poussent à se montrer envahissants. Ils envient nos activités, nos relations et sont nostalgiques de leur vie d'antan. Dans ce cas, tendons-leur une perche pour qu'ils expriment leur malaise s'ils en ont envie et armons-nous d'une bonne dose de patience et de diplomatie... En attendant qu'ils retrouvent de l'énergie pour investir d'autres domaines que notre maison !

Désolé, on est aux Bahamas...

À l'inverse, certains parents ne tiennent pas en place. Le mois dernier, ils arpentaient le Haut Atlas ; cette semaine, ils partent aux Bahamas. Et quand ils rentrent au bercail, c'est pour faire la lessive de leurs valises entre deux tournois de bridge... Vous qui aviez espéré qu'ils vous aident en gardant les enfants, vous avez du mal à cacher votre amertume. Bien sûr, vous êtes content qu'ils se fassent plaisir et qu'ils vivent bien leur retraite, mais, au fond, vous leur en voulez un peu de leur manque de disponibilité. Vous, vous courez toujours après le temps, vous avez du mal à tout assumer, vous êtes toujours dans la même galère quand un de vos enfants est malade, vous êtes stressé, et eux ne vous parlent que de leur randonnée extraordinaire... En agissant ainsi, vos parents vous donnent peut-être le sentiment que vous ne comptez pas beaucoup pour eux. Il vous arrive même de penser que s'ils vous consacrent aussi peu de temps, c'est qu'ils ne vous aiment pas assez... D'ailleurs, de vieux souvenirs vous reviennent en mémoire : ce jour où votre père a oublié de venir vous chercher à l'école, ce spectacle de danse auquel votre mère n'a pas trouvé le temps de venir... Les émotions remontent à la surface, le petit enfant qui sommeille en vous se révolte. Le temps que les autres nous consacrent est symboliquement attaché à l'affection qu'ils nous portent. Alors vous tempêtez intérieurement contre vos parents que vous trouvez bien égoïstes. Mais il est temps de vous dire qu'on ne peut pas forcer les parents à donner ce qu'ils n'ont pas envie de donner et que l'important est qu'ils vivent une retraite satisfaisante pour eux. Il est des aides accordées à contrecœur qui font encore plus mal que de tenter de se débrouiller seul(e)... comme vous l'avez peut-être déjà fait jusqu'à présent ! Il se peut aussi que vos parents soient dans la phase euphorique de leur retraite où ils veulent se donner tout le plaisir qu'ils n'ont pas pu se donner jusqu'à présent.

Bougez-vous !

Peut-être que vos parents depuis qu'ils ont pris leur retraite ne font plus grand-chose. S'ils ont toujours été plutôt casaniers et que leur vie semble leur convenir, il n'y a pas lieu de s'inquiéter, même si cela vous énerve et vous donne envie de les secouer parce que vous préféreriez les voir actifs, combattants, tournés vers les autres. Vos parents ne réaliseront rien qui n'ait été déjà fondamentalement en germe en eux. Ils ne vont pas devenir curieux de tout alors que leurs intérêts se sont toujours cantonnés au bricolage et à la télé. Prendre son petit déjeuner au soleil en lisant le journal, tricoter, s'occuper de son jardin, bricoler dans la maison n'a pas forcément moins de valeur que courir d'activité en activité ! Par contre, si vous les avez toujours connus actifs et curieux de tout et qu'ils restent maintenant scotchés devant la télé, votre inquiétude risque de vous pousser à les secouer : « Pourquoi tu ne t'achètes pas un ordinateur, comme ça on pourrait t'envoyer des mails, et tu pourrais te mettre à Internet ? », « Pourquoi tu ne t'inscris pas à un club de randonnée, ça te ferait du bien de marcher?»... Vous avez même parfois tendance à vous énerver un peu, car vous aimeriez tellement avoir le temps dont ils disposent désormais: «Ah, si moi j'étais à la retraite, je te dis pas tout ce que je ferais!» Attention, on l'a vu, la retraite implique nécessairement une période de deuil de sa vie d'avant. L'inactivité de votre parent peut être simplement le signe que le changement est en train de s'opérer, qu'il a besoin de se retirer, de prendre du recul pour mieux redémarrer. Rien ne sert alors de le bombarder de suggestions, de conseils, d'informations sur les activités proposées par telle ou telle association. Vous risqueriez de renforcer le sentiment de culpabilité qu'il éprouve peut-être déjà à se sentir dans cet état. Vous pouvez vous contenter de lui montrer de l'empathie en disant par exemple: «C'est vrai que ça ne doit pas être facile cette période. Je comprends qu'il faille un temps d'adaptation.» Même s'il ne répond pas parce que c'est difficile pour lui d'en parler, votre parent aura entendu que vous le comprenez. Dites-vous que les hyperactifs qui sont devenus des retraités tout de suite, sans aucune difficulté, contournent cette phase de transition, mais sont parfois rattrapés deux ans après par une tristesse inexplicable parce qu'ils n'ont justement pas pris le temps de s'arrêter pour réfléchir à cette nouvelle période de leur vie. Car la grande question à la retraite n'est pas tant: «Qu'est-ce que je vais faire de mon temps?», que: «Qui est-ce que je veux être aujourd'hui?» C'est une véritable crise d'identité, un peu comme celle que l'on connaît à l'adolescence ou au milieu de la vie...

Cependant, la retraite mal vécue peut devenir de la résignation, terreau de l'ennui et du désœuvrement. Vos parents tuent le temps... Il se peut alors que la dépression les guette. Si votre parent passe sa journée assis dans son fauteuil, l'air triste, qu'il n'a plus goût à rien et est toujours fatigué, invitez-le à consulter son médecin.

De nouvelles valeurs?

La façon dont vos parents se comporteront en tant que retraités est indissociable des valeurs qu'ils ont acquises depuis très longtemps, de leurs croyances sur la vie, sur la vieillesse.

Ils ne se sont jamais fait plaisir? C'est fréquent chez les personnes qui ont beaucoup misé sur le travail et le devoir. Nous pouvons tenter de les inviter à s'accorder du bon temps, sans culpabiliser. Mais les croyances ont la vie dure ! Si le travail et l'activité sont des valeurs essentielles auxquelles ils n'arrivent pas à renoncer, les associations sont très demandeuses de compétences. Une ancienne institutrice pourra se sentir valorisée en aidant des enfants à faire leurs devoirs, un ancien comptable tiendra avec plaisir les comptes d'un club de foot... Le bonheur du travail bien fait reste intact, que ce soit dans le cadre du salariat ou pas, et permet de restaurer une image de soi parfois mise à mal par la retraite. Mais, là encore, il faut savoir substituer les valeurs d'antan à d'autres : c'est la gratuité contre la rentabilité, une certaine lenteur contre la rapidité, la sagesse contre la jeunesse. C'est au prix de ces remaniements que l'on apprend à bien vieillir. C'est valable pour eux, ce sera valable pour nous aussi...

En parler ensemble...

Si vous sentez que la période de la retraite s'avère difficile pour vos parents, vous pouvez tenter d'en discuter avec eux. Bien sûr, tout dépend de votre relation. Si vous n'avez jamais parlé avec eux de leurs difficultés, si vous n'avez pas l'habitude, dans votre famille, d'exprimer vos émotions, il n'est pas sûr que ce soit le bon moment de commencer! Vous pouvez cependant, si vous vous y sentez prêt, envoyer quelques «ballons d'essai» pour tâter le terrain. S'ils jugent que vous n'avez pas à vous mêler de leur vie, s'ils sont vraiment trop mal pour se l'avouer à eux-mêmes, ils risquent de vous envoyer balader... Mais si la communication entre vous a toujours été franche et ouverte, il se peut qu'ils aient envie de parler de leurs tourments intérieurs, même si, en tant qu'enfants, nous ne sommes pas forcément les mieux placés... C'est à vous de sentir avec tact ce qu'il est possible d'aborder. En posant des questions discrètes, en lançant des perches, on les aide vraiment. Tendre simplement une oreille attentive à son parent est un réel soutien et reconnaître devant lui que ce changement radical peut être difficile, c'est déjà beaucoup!

Des pistes à lancer

Souvent les femmes s'en sortent mieux: elles ont investi la maison et ont toujours quelque chose à y faire. Et comme elles ont eu du mal à avoir des activités rien que pour elles, elles peuvent apprécier ce temps retrouvé. Pour les hommes, la perte du statut social est plus douloureuse. En invitant nos parents à exprimer leurs difficultés, nous leur donnons l'occasion de relativiser les problèmes, d'évaluer avec eux ce que pourrait être leur nouvelle vie, pour peu que nos discussions soient authentiques. C'est le moment d'évoquer leurs vieux rêves : votre mère n'a-t-elle pas toujours dit qu'elle voulait peindre, mais n'en avait pas le temps ? Votre père ne voulait-il pas, il y a quelques années, se remettre à l'anglais ou au portugais ? Le tout, sans vous immiscer dans leur vie, ni vouloir gérer leur emploi du temps, ce qui serait, à juste titre, mal pris. Rappelez-vous qu'il n'y a pas un modèle de retraite heureuse ; le projet est une façon de voir le monde, de se situer dans le monde plus que d'agir ou de s'agiter dans le monde. L'important est de se souvenir de ce qu'ils aimaient lors de leur vie active, de leurs valeurs, de leur caractère. Ce sont tous ces éléments qui permettent d'apprécier la situation. Et n'oubliez pas combien il peut être utile dans cette période de leur renvoyer une image positive : rappelez-leur combien ils sont utiles, combien vous les trouvez formidables (si vous le pensez, bien sûr...), combien vous avez besoin d'eux. Rien de tel pour les revaloriser dans cette période de doute !

L'essentiel

- La retraite est une période de fragilité pour nos parents. Elle entraîne forcément des remaniements et parfois une modification du caractère.

- Ne profitons pas de leur nouvelle disponibilité pour les transformer en baby-sitters corvéables à merci. Ils ont aussi le droit de profiter de la vie. Ils ne tiennent pas en place et ne veulent pas prendre leurs petits-enfants ? Rien ne les y oblige...

- Si vos parents semblent se replier sur eux-mêmes, c'est qu'ils ont peut-être besoin de ce temps pour « digérer » leur nouvelle situation. Inutile donc de les brusquer.

Chapitre 2
Difficile de les voir vieillir

La plupart du temps, le vieillissement de nos parents nous bouscule. Plus ils avancent en âge, plus nous avons du mal à les voir moins vaillants qu'autrefois. Et leur changement nous plonge parfois dans des remises en question personnelles…

« Interdit de vieillir ! »

Oui, vous avez bien lu. Cette injonction est le slogan d'une marque de cosmétique censée combattre les rides et tous les stigmates du vieillissement… « Interdit de vieillir », obligation d'arrêter le cours du temps, comme si cela dépendait de la simple volonté. Comment garder le sourire dans cette société qui valorise à l'excès les valeurs de la jeunesse et tremble de peur devant les effets de l'âge ? Comment ne pas se sentir coupable de ne pas arriver à enrayer un processus pourtant inéluctable, tel que le vieillissement ? Pas étonnant, dans ce contexte, que, lorsque nous voyons nos propres parents ralentir leur rythme, être diminués physiquement ou intellectuellement, prendre du poids ou se voûter, bref ne plus ressembler aux parents dynamiques que nous avons connus, le choc soit rude. Dans les sociétés traditionnelles où la place de l'ancien est plus valorisée, où sa sagesse reconnue par tous vient compenser la souffrance des pertes physiques, sociales, affectives, la transition est sûrement plus facile. Mais dans nos sociétés occidentales, la respectabilité des personnes âgées, leur expérience ne sont plus prises en compte. Pire encore, on les trouve dépassées, voire inutiles… Elles sont une « charge » pour la société et grèvent le budget de la Sécurité sociale… Et l'on voudrait que nos parents restent gais, sympathiques et souriants ? Aujourd'hui, ils se doivent d'être battants, liftés, pleins de projets, d'activités, de voyages : ils n'ont pas le droit de se laisser aller, d'avoir des douleurs, de se plaindre, ils ont l'obligation de faire comme si c'était formidable de vieillir. Pour être plus heureux ? Pas sûr. Mais pour rassurer la classe qui suit derrière, certainement ! Car ce miroir en train de se faner petit à petit sous nos yeux nous renvoie à notre propre vieillissement, à ce qui nous attend d'ici quelques années.

Et de cela, nous ne voulons rien voir, nous ne voulons rien savoir… Nous avons envie de les voir vieillir comme nous aimerions vieillir nous-mêmes. Dans le corps fatalement dégradé par les années de nos parents, nous pensons décrypter notre propre avenir.

La rencontre de deux crises

Lorsque commence à se poser la question de l'autonomie de nos parents (souvent vers 75, 80 ans), les choses risquent de se compliquer non seulement matériellement, mais aussi émotionnellement. Nous avons souvent un peu de mal à admettre que nos parents sont désormais plus vulnérables qu'autrefois, qu'ils ne seront plus les protecteurs de naguère, ceux qu'on appelait quand on avait des soucis. Aujourd'hui, ce sont eux qui sollicitent de plus en plus notre soutien au quotidien. On se sent tout à coup déboussolé par ces rôles en train progressivement de s'inverser. Et nous ne sommes pas forcément prêts à l'accepter…

D'autant qu'au même moment, nous rencontrons notre propre crise du milieu de la vie. Quand nos parents commencent à nous poser problème, nous avons quarante-cinq, cinquante ans, une période de remise en question pour la plupart d'entre nous, où nous prenons conscience, parfois pour la première fois de notre vie, de notre propre finitude. Nos parents sont le dernier rempart contre la mort. Après, dans l'ordre des choses, ce sera notre tour. Ajoutons qu'à la mi-temps, c'est l'heure des bilans : qu'ai-je fait de ma vie jusqu'à maintenant ? Quel sens a-t-elle et quelles orientations prendre pour la suite ? Ce qui n'implique pas un constat définitif mais une pause, qui nous permettra de rebondir dans les années à venir. Si, par malchance, nos parents vieillissent mal et nous renvoient sans cesse leur propre bilan, fait d'échecs successifs, de plaintes : « Je n'ai pas eu une belle vie, je n'ai eu que des coups durs », s'ils nous assènent leurs déceptions au moment où nous sommes en plein doute, ils vont nous déstabiliser encore plus. C'est comme s'ils nous « plombaient » pour l'avenir, avec le risque de nous rendre agressifs, sans que nous nous en rendions vraiment compte.

Quand le passé resurgit…

La vieillesse de nos parents marque le moment où l'on revient parfois sur sa propre histoire. Le passé resurgit. Nous prenons conscience que nos parents n'en ont plus pour très longtemps, même s'ils ont encore dix ou quinze ans devant eux. Cette évidence a pour effet de nous ramener à la relation que nous avons eue, ou pas, avec eux. Qu'est-ce qu'ils nous ont donné, de quoi avons-nous manqué ? Une sorte de bilan comptable s'instaure, avec les colonnes débits et crédits, et, sous-jacentes, les mêmes questions qui nous taraudent : « Est-ce que j'ai eu les parents que j'avais envie d'avoir ? », « Est-ce que j'ai reçu ce dont j'avais besoin quand j'étais enfant ? ». On a soudain envie de soulever des lièvres, des souvenirs qu'on croyait oubliés refont surface, et on s'aperçoit qu'à leur évocation, on a toujours un pincement au cœur. On fait même preuve d'une mémoire à toute épreuve pour ce qui semblerait, aux yeux d'un observateur extérieur, des détails sans grande importance !

Tout enfant, y compris dans la meilleure des familles, connaît son lot de frustrations, de blessures, d'injustices. Tous les coups durs, ou vécus comme tels, sont enregistrés comme des actes notariés. Si, sur le moment, nous n'avons pas eu la possibilité d'exprimer nos émotions, ces événements risquent d'avoir pris encore beaucoup plus d'importance avec le temps. C'est le jour où notre père est rentré du travail en oubliant de nous demander si nous avions été reçu au brevet. C'est le jour où notre

mère nous a humiliée devant une vendeuse, à l'heure de nos rondeurs adolescentes, par ses remarques déplacées. La liste des blessures d'enfance mal refermées, des émotions enfouies au fond de soi, peut être longue.
Si notre enfance a été sans nuages, si nous avons le sentiment d'avoir reçu beaucoup d'amour, cette période ne sera pas forcément plus facile à vivre. Nous risquons dans ce cas de nous sentir redevables, d'être pris par la crainte de ne pas donner à la hauteur de ce que nous avons reçu et de nous sentir extrêmement coupables...
On peut alors être tenté de crier haut et fort nos reproches, tout comme notre reconnaissance et notre amour, tant qu'il en est encore temps, au risque, si on ne le fait pas, d'en être malheureux éternellement. Car on a tous des comptes à régler avec sa propre histoire, que l'on se sente débiteur ou créditeur.

La tentation du (grand) déballage

Pourtant, maintenant que nos parents sont vieux, est-ce bien le moment de vider son sac avec pertes et fracas? Pas forcément. Il se peut que vous vous disiez: «J'ai toujours des reproches à leur faire, je leur en veux, mais cela ne servirait à rien de leur dire maintenant. Le temps a passé, je fais avec... » Une attitude à adopter si c'est vraiment ce que vous éprouvez et si cela ne vous perturbe pas trop. Mais il peut être bon aussi de dire les choses pour se sentir enfin apaisé. En continuant à nous taire, on prend parfois le risque de ne jamais avoir de relation authentique. Si vos parents ne vous donnent pas ce que vous attendez, c'est peut-être que vous ne leur avez jamais parlé de vos besoins. Seulement voilà, il faut savoir qu'il n'existe pas de recette magique ni de conseils valables pour tous. Tout dépend de la manière... Régler ses comptes ne signifie pas forcément prendre notre parent entre quatre yeux pour lui débiter en vrac toutes nos rancœurs, si on n'en a jamais rien dit. Il faut savoir que la colère, la tristesse, bref toutes nos émotions jamais exprimées et toujours refoulées quand elles tentaient de pointer le bout du nez, ont pu s'amplifier considérablement avec le temps. Si on ôte le bouchon de la Cocotte-minute, on risque de tout faire exploser et de provoquer de sacrés dégâts ! Quand on décide d'avoir ce genre de discussion avec son parent, il est nécessaire de bien peser les risques et les conséquences possibles : qu'est-ce que j'attends de cette confrontation ? Suis-je capable de ne pas me mettre en colère ou de ne pas m'effondrer en larmes? Quelle réaction risque-t-il d'y avoir en retour et suis-je prêt(e) à accepter toutes les éventualités? Est-ce que je ne risque pas de me faire encore plus de mal s'il n'a pas la réaction que je souhaiterais? Car on peut obtenir l'effet inverse de celui recherché, en sortir meurtri(e) et fâché(e) pour toujours. Est-ce vraiment utile? Il faut mesurer si on se sent capable de dire les choses pour qu'elles soient enfin entendues, c'est-à-dire en parlant de soi sans porter de jugement sur l'autre. Si vous parlez de vous, de vos ressentis, de vos besoins, votre interlocuteur est incité à porter son attention sur votre vécu. Si vous parlez de lui, si vous le jugez, l'évaluez, il peut se sentir blessé et atteint dans sa personne. Il peut alors se mettre en colère en vous déballant, à son tour, toutes sortes de reproches, vous culpabiliser, pleurer en vous accusant de vouloir le tuer, lui, si fragile...

Si vous êtes prêt(e) à parler de vous sereinement, alors oui, vous pourrez tous deux retirer du bénéfice de cette explication. Vous vous sentirez apaisé(e) et réconcilié(e) avec vous-même. Vous aiderez aussi votre parent à se mettre en paix et votre relation en sortira enrichie...

Vos émotions sont encore trop fortes pour garder votre calme? Dans ce cas, avant toute discussion, évacuez votre colère auprès de quelqu'un d'autre; parlez-en à un ami, à votre conjoint, qui ont souvent plus de recul dans ces situations. Il faut impérativement éponger sa tristesse et son chagrin avant d'entreprendre quoi que ce soit, quitte à prendre conscience au bout du compte que le jeu n'en vaut plus la chandelle. Car on peut effectivement passer l'éponge sur de vieux griefs sous prétexte que nos parents sont vieux maintenant, que le passé est loin... Pourquoi pas, tant qu'ils ne nous encombrent pas trop la vie et ne nous perturbent pas excessivement?

Enfin, sachez aussi qu'il existe bien d'autres méthodes que les grandes scènes pour renvoyer les fantômes du passé dans leur château d'origine: on peut les écrire noir sur blanc, un vrai soulagement! Assainir son passé, cela peut être pour soi-même et avec soi-même, par le biais d'une psychothérapie, si nos vieilles rancunes nous empêchent toujours de jouir de la vie. Pour réparer une enfance blessée, il peut être important de fournir un espace d'expression aux émotions qui n'ont jamais pu être dites, afin de pouvoir faire le deuil de la relation que nous n'avons pas eue avec nos parents. À nous de choisir le moyen qui nous semble le meilleur, pour nous-mêmes et pour les autres.

Une issue : pardonner ?

Reste que si nous n'arrivons pas à exprimer notre souffrance, nous pouvons être très culpabilisés de ressentir autant de hargne devant nos parents affaiblis par l'âge. Nos proches nous raisonnent : « Est-ce bien utile de ressasser ces vieilles lunes ? Ce sont tes parents après tout et ils sont vieux. »
Un certain nombre de psychothérapeutes et spécialistes des relations humaines pensent que le pardon est une étape nécessaire pour guérir de nos blessures, surtout s'il s'agit de nos parents. Le danger est de penser qu'il suffit de pardonner pour aller mieux et de court-circuiter ainsi l'expression des émotions refoulées. Trop souvent, pardonner signifie « faire comme si rien ne s'était passé », alors qu'il peut être nécessaire de pleurer, de se mettre en colère contre ce qui nous est arrivé. Le remaniement émotionnel peut alors conduire au pardon, mais pas nécessairement. Bien sûr, avec l'âge et le recul, quand on est en paix avec soi-même, on peut comprendre certaines choses. Notre mère se montre incapable d'affection parce qu'elle n'en a pas reçu elle-même dans son enfance. Notre père, qui a été violent, était régulièrement frappé par un beau-père alcoolique... Oui, on peut leur trouver des circons-

tances atténuantes, mais il ne s'agit pas pour autant de vouloir tout excuser. Il n'y a que nous qui sachions exactement ce que nous avons vécu... Pardonner à des parents qui ont fait de notre enfance un douloureux passage, ou qui continuent à ignorer notre réalité et nos sentiments et à nous charger de la responsabilité de tout ce qui leur arrive, n'est pas une nécessité pour aller mieux. Les relations que nous entretenons avec nos parents vieillissants sont le résultat de toute une vie passée. Qui peut se permettre d'en juger de l'extérieur?

Devoir d'amour

Cela dit, il est des fardeaux lourds à porter, des ardoises difficiles à effacer. Quand le passé est trop douloureux, la seule stratégie possible peut être celle de l'évitement, afin de se protéger soi-même... Certains enfants peuvent n'avoir aucun désir d'entretenir des liens familiaux. L'affection et l'amour ne se commandent pas; ils sont la conséquence de liens qui se sont «tricotés» ou «détricotés» depuis de nombreuses années. Ce faisant, nous allons à l'encontre d'une idée très ancrée, qui est celle du devoir d'amour envers ses parents; ils nous ont donné la vie, on leur doit en retour assistance et reconnaissance. Mais quand on n'a pas envie de s'occuper de ses parents, qu'on préfère éviter de les voir, mieux vaut se l'avouer. De toute façon, si on agit trop à contrecœur, ils risquent de le sentir et les visites ne serviront qu'à attiser les rancœurs de part et d'autre... Mais attention, là encore, mesurons ce qu'une telle décision peut entraîner comme culpabilité. Il faut savoir si on est capable d'assumer une telle position, si on se sent suffisamment fort pour résister au jugement de tous les proches bien intentionnés qui ne vont pas se priver de nous dire qu'on pourrait faire un effort, qu'on est vraiment dur, voire «sans cœur». Parfois, cette stratégie d'évitement peut nous rendre encore plus malades que d'y aller de temps en temps! D'où l'importance de bien peser les bénéfices et les risques: culpabilité de ne jamais les voir ou effort à faire pour se contenir quelques jours par an? À chacun de voir ce qui est le meilleur pour soi... ou en tout cas le moins nocif!

Frères et sœurs: le réveil des rivalités...

Qu'il mette ou non la famille en crise, le vieillissement de nos parents fait réagir tous ses membres et modifie les relations de façon plus ou moins importante.

Alors que les relations frères et sœurs ont eu tendance à se normaliser à l'âge adulte, elles risquent de tourner à nouveau à l'aigre quand les parents commencent à poser des problèmes... Comme par hasard, c'est au moment où nous devons les prendre en charge ou assurer une présence plus rapprochée que les jalousies se réveillent. Chacun juge ce que l'autre obtient en plus: « Ils gardent plus souvent les enfants de ma sœur que les miens », « Ils lui ont payé les impôts l'an dernier, il a pourtant les moyens ! »... Les comparaisons vont bon train et les rivalités pour prendre ou reprendre la première place dans le cœur des parents se retrouvent à l'ordre du jour. Pourtant, il nous semblait qu'on avait accepté de ne pas être le préféré, qu'il était passé de l'eau sous les ponts depuis l'époque où on lorgnait sur les cadeaux de Noël de notre frère pour savoir s'il était plus gâté que nous. Et puis non... On se retrouve jaloux et envieux comme dans nos premières années. Pourquoi ce retour soudain de mauvais sentiments ? Parce que, tout comme nous avons envie de régler nos comptes avec nos parents, nous éprouvons également le besoin de réparer les injustices que nous avons subies, réelles ou fantasmées. Il faut faire vite, il ne nous reste plus beaucoup de temps ! Pour les psychanalystes, on assisterait à une réactivation du conflit œdipien : la dépendance d'un des parents ferait revivre le fantasme que l'un des enfants posséderait le parent pour lui tout seul. Dans une famille, aucun des enfants n'a été traité de la même manière par les parents et il y a inévitablement un enfant dont un parent s'est senti plus proche, parce qu'il lui ressemblait, parce qu'il avait les mêmes goûts. On le sait bien puisque nous aussi, si nous sommes un peu honnêtes, nous savons que nous ne traitons pas nos enfants de la même manière, même avec la meilleure volonté du monde ! Mais à l'étage de notre génération, on fait l'autruche : on sait bien qu'on ne sera jamais le préféré, on sait bien, mais quand même...

Des rivalités entretenues

Les soutiens financiers ou psychologiques des parents vis-à-vis de l'un des membres de la fratrie, au chômage ou moins favorisé par la vie, par exemple, alimentent particulièrement les querelles en tout genre... Sans parler des questions d'héritage qui peuvent carrément mettre le feu aux poudres ! L'argent que l'on donne aux autres (comme le temps) n'a pas qu'une signification matérielle : il symbolise l'amour qu'on leur porte. Parfois, ce sont aussi les parents qui alimentent les discordes entre leurs enfants adultes. Dans le dos des uns et des autres, ils médisent, parfois avec beaucoup de perfidie : «Ton frère m'a dit ça, mais il ne veut pas que je te le répète», «Ta sœur trouve tes enfants très bruyants»... Cette politique est bien connue : elle consiste à diviser pour mieux régner ! En agissant ainsi, nos parents veulent rester les maîtres de la famille. Ils ne comptent peut-être plus beaucoup socialement, mais à la maison ce sont eux qui reprennent les rênes en main, qui orchestrent les relations entre les uns et les autres ! C'est une façon de rester au centre des discussions, de se valoriser, d'être là même quand ils n'y sont pas. Alors, si soudain votre frère ou votre sœur vous fait la tête sans que vous compreniez pourquoi, cela vaut la peine d'arrêter le processus en ayant une discussion franche entre vous. En décidant de ne plus écouter leurs médisances, vous éviterez de vous faire manipuler. Enfin, si vos frères et sœurs en sont d'accord... Car une famille, c'est tout un système qui repose sur un équilibre de forces. En voulant casser le jeu des alliances, vous risquez de vous retrouver seul. Quand l'un des membres d'un groupe essaie de sortir du cercle, il y a souvent une pression pour ramener la brebis égarée dans le troupeau... Et si on ne clarifie pas les choses, c'est peut-être qu'on est pris dans un système inconscient où il peut être préférable pour nous de rester le préféré ou la «victime» plutôt que de prendre le risque de chambouler un «équilibre» familial installé depuis longtemps.

Se répartir les tâches

Le problème des rivalités devient encore plus aigu quand il s'agit de se répartir les tâches entre enfants lorsqu'un parent devient plus ou moins dépendant. Qui ira lui faire ses courses, qui remplira ses papiers? Qui l'accompagnera chez le médecin? Souvent, c'est à l'une des filles de la fratrie qu'incombe la plus grosse charge. Socialement, la pression est très forte pour qu'il en soit ainsi. Il arrive aussi que cette dernière ait très envie de rester dans le rôle de la personne formidable sur laquelle papa et maman peuvent compter, au risque de se sacrifier. Pour les psychanalystes encore, le moteur inconscient de cette attitude serait la peur de déchoir aux yeux de l'idéal maternel, et l'inhibition de toute hostilité à l'égard de la mère en faisant tout pour elle. Les répartitions peuvent aussi se faire sur des critères tels que: «C'est toi qui t'en charges parce que tu habites le plus près, tu travailles à mi-temps, tu es infirmière...» Mais les raisons sous-jacentes de ces choix sont souvent obscures! S'occuper de ses parents vieillissants renvoie chacun à ses valeurs d'adulte et à sa propre histoire. Pour éviter le plus possible les problèmes, un bon conseil de famille entre frères et sœurs est souvent nécessaire. Il ne réglera pas forcément toutes les tensions, mais il aura au moins le mérite de prendre acte de la position de chacun. Et de répartir les charges, si ce n'est équitablement au moins de façon claire. Il est normal que ce soit celui qui a une procuration sur le compte bancaire qui s'occupe de tous les papiers. Mais il est moins acceptable que ce soit encore lui qui fasse les courses, le ménage, assure les sorties. Il existe un scénario assez fréquent dans les familles: au début, l'un commence à faire les quelques tâches nécessaires pour aider ses parents quand ils n'ont pas encore besoin d'un soutien important. Les parents devenant plus dépendants, le besoin d'aide s'accroît. «Naturellement», c'est l'enfant qui a commencé à assurer qui accroît sa charge de travail, même s'il commence à bougonner dans son coin. Tout se passe dans l'implicite jusqu'au jour où il finira par craquer!

Le conseil de famille, mode d'emploi

Vous avez décidé de tenir un conseil de famille ? Pour le réussir, il faut être capable d'écouter les autres, de tenir compte des sensibilités de chacun pour aboutir à un compromis satisfaisant pour les enfants comme pour les parents. Il ne s'agit pas de s'accabler mutuellement de critiques, au risque de braquer l'un ou l'autre. C'est vous qui êtes aux premières loges pour vous occuper de votre parent ? Faites part de votre fatigue, de votre fragilité à tout assumer, au lieu de culpabiliser les autres en maugréant : « Je fais tout, vous ne faites rien », même si c'est vrai... Ils répondront sans doute plus facilement à cet appel à l'aide qu'à des reproches ou à un programme rigoureux d'assistance aux parents que vous voudriez leur imposer. Là encore, l'important n'est pas de leur régler leur compte mais de trouver des solutions pour vous soulager...

L'essentiel

Notre société nous donne une image terrifiante de la vieillesse associée à un naufrage et non à une certaine sagesse, comme dans les sociétés traditionnelles.

- Notre propre peur de vieillir nous amène à mal accepter le vieillissement de nos parents. Comme s'ils nous tendaient un miroir dans lequel nous craignons de voir se refléter notre propre devenir…

- Nous sommes tentés de vouloir régler des comptes avant qu'il ne soit trop tard. Est-ce le bon moment ? Pas sûr…

- Parfois, la stratégie de l'évitement est la seule issue possible. Dans d'autres cas, il est préférable de maintenir un minimum de contact plutôt que de rompre totalement les ponts, au risque de se trouver confronté à une trop grande culpabilité.

- Les rivalités fraternelles se réveillent, avec la complicité parfois de nos parents. Essayons de ne pas tomber dans ce piège…

Chapitre 3
Difficile pour lui de vieillir

Une autre étape est franchie, lorsque notre parent sent ses facultés diminuer. Il doit apprendre à supporter cette perte, avec toutes les peurs qui surgissent dans le même temps : peur de la solitude, insécurité, peur de perdre la tête...

Accepter le changement corporel

Il n'est pas nécessaire d'être très âgé pour connaître les premiers coups de déprime liés à l'âge. Vous-même qui vous occupez de vos parents vieillissants, peut-être tempêtez-vous contre ces lunettes que vous devez porter désormais pour la presbytie... Peut-être regardez-vous avec découragement les rides qui s'installent sur votre visage et avez-vous déjà fait appel à l'artillerie lourde

des cosmétiques «anti-âge»... Ces signes annonciateurs du vieillissement ne sont pas toujours faciles à vivre.
Avec l'âge le corps change, ce qui a pour conséquence de modifier l'image que l'on a de soi-même: on ne sera plus jamais comme avant. Mais le vécu de ces modifications est très individuel: certains vont se sentir vieux dès les premières rides, d'autres à la ménopause, d'autres encore en se sentant plus fatigables ou en voyant leurs muscles devenir plus flasques... Tout peut aussi très bien se passer jusqu'à un incident de santé ou un événement traumatique qui va soudain nous faire prendre conscience qu'on n'est plus comme avant. Il est vrai qu'il faut une bonne dose de philosophie pour accepter son image physique vieillissante. Ce n'est déjà pas facile à cinquante ou soixante ans, alors vingt ans plus tard, il n'est pas étonnant que la plupart des personnes âgées s'en plaignent régulièrement: «Je suis devenue moche, regarde, j'ai la peau qui pend!», «Je ne peux même plus me regarder dans une glace... Quand je pense à ce que j'étais!»... Si vous n'êtes déjà pas très à l'aise avec votre propre avancée en âge, entendre régulièrement votre parent dire que «ce n'est vraiment pas facile de se voir vieillir» risque de vous agacer prodigieusement en vous renvoyant l'image de votre possible devenir dans vingt ou trente ans. Dans ce

cas, vous pouvez vous contenter de dire que vous comprenez, et puis passer à un autre sujet de conversation… Ou bien, suivant ce que vous êtes prêt à dévoiler de vous et la connaissance que vous avez de votre parent, vous pouvez ajouter que vous commencez vous-même à ressentir la même chose et que vous les comprenez d'autant mieux. Ce qui est sûr, c'est qu'il ne servirait à rien de couper court aux plaintes de notre mère en lui disant : « Mais non, tu es encore très belle ! » Si l'on s'estime prêt à aborder ce sujet avec elle, mieux vaut dans un premier temps écouter sa souffrance, l'aider à exprimer ce qu'elle ressent. Ce n'est que dans un deuxième temps qu'on pourra la rassurer : « Tu te plains de tes rides ? Moi, je suis plutôt frappée par ton sourire, ton regard pétillant ! » Parlons de ce que l'on remarque de bien chez notre parent pour le revaloriser. Mettons en avant sa personnalité, quand le physique est trop mis à mal : « Tu as beaucoup d'humour, on a toujours envie de t'écouter quand tu racontes une histoire. » Ces compliments rassurants sont un vrai cadeau, à condition bien sûr de penser vraiment ce que l'on dit…

Apprendre à supporter les frustrations et les pertes

Votre père a voulu vous aider à monter votre nouvelle cuisine, mais, au bout de quelques heures, il s'arrête, épuisé, en vous disant : « Tu vois que je ne suis plus bon à rien ! » Vous proposez à vos parents de vous accompagner un week-end à la montagne, persuadé qu'ils seront ravis et que cela leur changera les idées. Mais ils vous répondent que vos enfants les fatiguent et qu'ils vont mettre trois jours à s'en remettre. Et de toute façon, vous en profiterez mieux sans eux ! Bref, vous vous apercevez que tout devient plus compliqué pour eux...

Plus ils vieillissent, plus nos parents sont confrontés aux frustrations consécutives à la diminution d'un certain nombre de leurs capacités. Ces situations risquent d'entraîner une baisse de l'« estime de soi ». Les psychanalystes parlent de « blessure narcissique », le narcissisme désignant l'amour que tout sujet se porte à lui-même. Tant que la diminution des facultés n'a que relativement peu d'incidences sur leur vie, la plupart font avec, bon gré, mal gré. En revanche, lorsque des événements plus invalidants interviennent, nos parents ont de plus en plus de mal à accepter leur vieillesse avec sérénité.

Pour faire face aux renoncements auxquels les contraint l'avancée en âge, nos parents peuvent avoir recours à des mécanismes de défense inconscients. Certaines personnes vont nier le fait qu'elles ont vieilli et vont être dans le déni, en refusant, par exemple, l'appareil auditif dont elles auraient besoin... D'autres se réfugient dans la régression et adoptent des comportements infantiles, comme le chantage, la jalousie, le refus de s'occuper d'elles-mêmes... La vieillesse est une longue crise où les pertes se multiplient : perte d'un rôle social, de personnes auxquelles on était attaché, de certaines de ses capacités, de certaines situations passées.

À la différence des autres étapes critiques de la vie qui débouchent sur de nouvelles perspectives, que ce soit l'adolescence ou la crise du milieu de vie, le bénéfice de la vieillesse est beaucoup plus difficile à apprécier : quel plaisir y trouver ? Pas évident ! Même si l'on nous parle de la fameuse sagesse des anciens, pour autant qu'on y croie vraiment, est-ce suffisant ? Plus on avance en âge, plus il est difficile de garder le sentiment de son utilité, de se construire de nouvelles relations, de se découvrir de nouveaux centres d'intérêt qui puissent venir compenser ce qu'on a perdu, ce qu'on aimait faire et qu'on ne peut plus faire. Pour autant, si la vieillesse est une crise comportant des

risques, elle doit être aussi considérée avec son potentiel d'évolution, de changements, de restructurations. En fait, tout dépend de la façon dont nos parents ont appris à surmonter les difficultés au cours de leur vie, à supporter les deuils.
Il ne servirait à rien de chercher à les rassurer pendant cette période avec des propos du style : « Tu exagères ! Regarde, tu es encore en pleine forme pour ton âge, il y en a beaucoup qui sont nettement moins bien que toi ! Et de quoi tu te plains, tu n'es pas malade ! » Nous risquerions de les culpabiliser sur ce qu'ils ressentent. Laissons-les plutôt nous dire, s'ils y sont prêts, combien le fait de vieillir peut être déprimant à certains moments. En acceptant de le reconnaître, nous les aidons à faire du chemin. Mais s'ils sont dans le déni, il est fort probable qu'ils refuseront toute discussion à ce sujet...

Il ne peut plus pratiquer ses activités

Comment accepter de ne plus pouvoir marcher à cause d'une arthrose aux genoux, quand on a été un randonneur amoureux de la montagne toute sa vie ? Comment supporter de moins bien entendre, quand on était mélomane ? Car plus on vieillit, plus il va falloir parfois renoncer à se faire plaisir avec ses passions ! Telle personne très âgée qui adorait lire ne peut plus le faire parce que sa vue s'est affaiblie ; telle autre qui passait ses week-ends à bricoler ne peut plus à cause de douleurs... Nos désirs se confrontent alors à nos insuffisances... Rebondir demande une plasticité extraordinaire ! C'est ce qui arrive à ceux qui continuent malgré tout d'être curieux de l'existence et se tournent vers des loisirs compatibles avec leur état : ils pratiquent une activité sportive adaptée à leurs possibilités physiques, apprennent la sculpture, se découvrent un intérêt pour des activités de création manuelle, écoutent des cassettes de livres enregistrés... Ils peuvent même parfois se trouver dans un fauteuil roulant à la suite d'une hémiplégie, sans s'ennuyer ! Ce sont des personnes qui parviennent à maintenir leur estime d'elles-mêmes en ayant recours à la sublimation. Grâce à ce mécanisme, l'énergie qui était investie dans les anciennes activités peut être transformée pour se mettre au service de la création artistique ou d'activités intellectuelles, sociales, religieuses. Le plaisir est ainsi maintenu sous d'autres formes. Ils découvrent d'autres distractions, ou développent davantage leur vie intérieure et spirituelle. Leur valeur n'est plus dans ce qu'ils sont capables de faire, mais d'être. Ils peuvent profiter de leur plus grande disponibilité intérieure pour se repasser les bons moments de leur vie, réinterpréter les échecs et les coups durs avec le recul nécessaire. Ils font alors un peu le bilan de leur vécu, qui peut aussi se matérialiser par la rédaction d'un journal ou de mémoires. Cela peut être un bon moyen de retrouver son identité et de retisser le fil de sa vie, tout comme d'autres vont chercher à s'inscrire dans une histoire en construisant leur arbre généalogique. Mais pour réussir cette adaptation, il faut une certaine dose d'optimisme et la volonté de surmonter les difficultés. Ceux chez qui les regrets prédominent, qui se plaignent de ne pas avoir pu réaliser leurs désirs, qui répètent sans cesse qu'« ils n'ont pas eu de chance », courent le risque de passer la dernière partie de leur vie dans la nostalgie, la tristesse, voire la dépression. Quoi qu'il en soit, on peut toujours aider son parent, s'il le souhaite, à parler de ses difficultés et lui témoigner de l'empathie en lui disant qu'on comprend combien il doit être dur de ne plus pouvoir faire ce qu'on aimait. Prêter une oreille attentive à l'expression des émotions peut déjà représenter un important soutien. On peut aussi tenter de lui faire découvrir de nouveaux centres d'intérêt, au besoin en se procurant les renseignements nécessaires et en l'accompagnant physiquement au début, car on sait que, dans ce genre de démarche, c'est souvent le premier pas qui coûte.

Il a peur de la solitude

Votre mère vous appelle en plein boulot, au bureau, pour savoir si, par hasard, elle n'aurait pas oublié son foulard bleu dans votre voiture. Vous remarquez que votre père vous téléphone tous les soirs, au moment de la tombée de la nuit, pour vous poser une question en apparence futile. Peut-être ont-ils tout simplement besoin d'entendre une voix, de se rassurer par une présence ?
La vieillesse est souvent marquée par le retour de la peur d'être abandonné qui habite l'enfant. La solitude peut alors être particulièrement difficile à vivre. Parfois votre parent s'adresse à vous de manière détournée, sur le ton de l'agressivité ou du reproche : « Je suis toujours seul, vous ne venez jamais me voir... » Inutile de chercher à le raisonner en essayant de lui prouver que ce n'est pas vrai, qu'il a beaucoup de visites... Sans pour autant augmenter la fréquence de votre présence, si vous estimez faire déjà ce que vous pouvez,

essayez de mettre des repères dans l'emploi du temps de votre parent : au lieu d'aller le voir à l'improviste, les semaines lui sembleront moins longues si vous lui dites que vous viendrez le samedi après-midi, si vous lui rappelez que le mardi c'est la femme de ménage qui vient, que la semaine prochaine vous fêtez l'anniversaire de votre fils... Peut-être que vous pouvez faire venir la coiffeuse à domicile un peu plus souvent ? Sachez aussi que s'occuper d'un animal, et même de plantes et de fleurs, allongerait l'espérance de vie en limitant le sentiment de solitude.
L'angoisse peut augmenter encore au moment où notre parent se sent devenir plus dépendant : peur de tomber, peur de se faire agresser... Les appels nocturnes vont parfois alors se multiplier, parce que la nuit nous renvoie davantage encore à notre solitude. Le sommeil met l'individu dans l'insécurité. Il demande un « lâcher prise » angoissant qui peut être associé à la mort. L'environnement nocturne peut, lui aussi, évoquer un lien direct avec la mort : la position allongée dans un espace dont il est impossible de sortir seul, si on est dépendant pour ses déplacements ; un drap qui peut évoquer le linceul, le silence... Pour être facilement accepté, cet abandon demande une sécurité fournie par l'environnement, une confiance en soi, dans les

autres. En prenant de l'âge, on a de moins en moins confiance en ses capacités, l'environnement peut être vécu comme dangereux, à risques, parce que susceptible, entre autres, de provoquer une chute. La peur de ne pas se réveiller conduit parfois à un état de veille qui peut s'accompagner de plaintes incessantes, de douleurs, de difficultés respiratoires... Comme souvent chez les personnes âgées, la somatisation vient remplacer ce qui ne peut pas être dit; le corps exprime alors l'angoisse, le mal-être, la souffrance psychologique.
Pour rassurer votre parent, vous pouvez proposer l'installation d'une téléalarme (certains organismes de téléassistance font aussi de l'écoute téléphonique); des services de garde itinérante de nuit commencent à se développer dans certaines régions et assurent des passages toutes les nuits chez les personnes âgées qui en ont besoin. Ces mesures ne régleront pas tout, mais pourront contribuer au sentiment de sécurité. Et pourquoi ne pas discuter avec votre parent de l'éventualité d'une autre forme d'hébergement, en foyer logement ou en maison de retraite: il ne sera plus obligé de rester seul chez lui et en sera éventuellement rassuré.

Il ne sort plus de chez lui

Votre père était jusque-là actif et sociable, invitait volontiers des amis, allait souvent marcher... Désormais, il reste chez lui à lire ou regarder la télévision. Il se peut qu'il soit dans une phase de repli sur soi transitoire, un laps de temps nécessaire pour se retrouver et reconstruire une nouvelle vie, de nouveaux projets pendant les premiers mois qui suivent la retraite (*voir* chapitre 1). Peut-être aussi que votre père, après une phase euphorique, commence à prendre conscience qu'il n'a pas de vrai projet qui le mobilise et qu'il ne fait que remplir son temps, sans but réel; il ne sait plus ce qui pourrait lui faire plaisir...
Dans tous les cas, si ce comportement dure, il est important de s'interroger sur l'éventualité d'un symptôme dépressif. Vous pouvez tenter d'en parler avec lui, mais ce n'est pas gagné pour autant: il risque de vous répondre sèchement de vous mêler de vos affaires et qu'il va très bien ! Il est trop fier pour reconnaître devant vous son mal-être, et l'agressivité peut signaler une souffrance psychologique et faire partie des symptômes dépressifs ! (*voir* chapitre 4). Si vous vous inquiétez vraiment et si vous en avez la possibilité, essayez éventuellement d'en parler avec son médecin.

Votre mère n'a jamais été beaucoup tournée vers les autres ? Le repli sur soi peut correspondre à sa personnalité profonde ; vous assistez simplement à une accentuation de cette tendance avec l'âge. Il suffit qu'elle souffre davantage de son arthrose pour rester encore plus cloîtrée chez elle, alors que sa voisine, percluse de douleurs, continue ses activités habituelles pour ne pas se laisser aller et garder le moral. C'est sûr, ce qui vous paraît être un manque de volonté a le don de vous énerver prodigieusement. Vous aimeriez tellement qu'elle soit comme sa voisine ! Mais vous n'avez pas le pouvoir de changer votre mère...

Enfin, si votre parent se replie sur lui-même, vous pouvez vous demander si ce n'est pas la peur de l'extérieur, l'angoisse de ne pas être à la hauteur et de renvoyer une mauvaise image de lui-même qui sont en jeu. Et si, lors de cette randonnée, il n'arrivait pas à suivre le groupe ? Autant rester à la maison... Certaines personnes vivent chaque situation nouvelle comme anxiogène, ce qui fait naître un sentiment de malaise psychique dû à l'anticipation d'un danger réel ou imaginaire. Une femme souffrant d'une légère incontinence préférera parfois ne pas sortir de chez elle de peur d'un « accident »... En se repliant sur soi, sur son passé, sur son corps, votre parent risque de se couper du monde, qu'il vit comme dévalorisant. Dans ce cas, vous pouvez tenter de décoder son message et essayer de trouver ce qui pourrait aider à le rassurer.

Il a peur de « perdre la tête »

À quarante ans, on oublie le titre d'un film qu'on a pourtant vu cinq fois, on ne sait plus où on a posé ses clés, ce n'est rien, c'est de la distraction ! À cinquante ans, on commence à dire sur le ton de la plaisanterie : « C'est Alzheimer qui me guette ! » À soixante-dix ans, pour les mêmes événements, l'humeur n'est plus trop à la plaisanterie, mais à la dramatisation : « J'oublie tout ! Il m'arrive souvent d'aller dans une pièce, et de ne plus savoir pourquoi j'y suis venu ! Je ne sais jamais où j'ai mis mon carnet de chèques ! Et si c'était le début de la maladie d'Alzheimer ? »
Cette maladie est tellement présentée comme le fléau de la vieillesse, que l'on peut comprendre aisément que nos parents s'alarment pour des oublis qui seraient apparus comme insignifiants trente ans plus tôt. L'angoisse peut les pousser à surestimer leurs difficultés. En effet, les tests que l'on peut faire pour

évaluer les altérations éventuelles montrent qu'elles sont fréquemment surévaluées par rapport à la réalité des troubles.

De nombreux facteurs peuvent avoir une incidence sur la mémoire : problèmes visuels ou auditifs, baisse de l'attention, manque de stimulation, anxiété, dépression, prise de certains médicaments.

Cela dit, lorsque vos parents se plaignent de « perdre la tête », il est important de se faire une idée plus précise de la nature et de l'importance des troubles. Invitez donc votre parent à consulter son médecin ou à passer des tests dans un centre mémoire (*voir* Contacts utiles), car une maladie n'est pas non plus totalement à écarter, surtout si la vie quotidienne semble vraiment perturbée. Et si les oublis vous semblent minimes, mais que votre parent est vraiment très anxieux à leur sujet, une consultation mémoire pourra le rassurer.

Il dit qu'il ne sert plus à rien

Nombre de personnes âgées souffrent du sentiment de ne plus être utiles. Le contexte social de dévalorisation de la vieillesse n'arrange pas les choses. Souvent, leurs propos vous mettent dans l'embarras : « Vous voyez bien que je ne suis plus bon à rien!»; «Partez, vous avez mieux à faire que de rester avec nous».

En tant qu'enfant, vous pouvez essayer de faire ce qui est à votre portée pour revaloriser l'image qu'a votre parent de lui-même. C'est le moment de lui demander d'effectuer pour vous des recherches à la bibliothèque, par exemple, de tricoter un pull pour votre fils, d'aider ses petits-enfants dans leurs devoirs, quand c'est possible, ou bien encore de vous écrire toutes les recettes de cuisine que vous appréciez sur un cahier. Proposez-lui des tâches qui peuvent vous rendre service, mais ne le faites surtout pas par pitié, en sachant que votre fils ne mettra jamais le pull en dehors des visites à sa grand-mère! Si vous en avez le temps, la possibilité et l'envie, aidez-le éventuellement à agir en commençant avec lui.

Si votre parent a perdu des capacités qui lui rendent difficiles, voire impossibles, certaines activités, plutôt que de vous lamenter avec lui en faisant l'inventaire de tout ce qu'il a perdu, intéressez-vous à tout ce qu'il est encore en mesure de faire, même si quelques tâches lui prennent plus de temps, et aidez-le à en prendre conscience.

Il est utile aussi d'insister sur le fait que, même s'il ne peut plus avoir les mêmes activités qu'autrefois, sa simple présence est essentielle pour vous. Il est là, c'est ce qui compte ! Précisez-lui ce qu'il vous apporte, à vous, à vos enfants, à ses amis... Si votre parent n'est plus capable d'assurer tout seul certains actes de la vie quotidienne, sachez qu'il n'est pas facile de se dire que l'on dépend de quelqu'un, et que de surcroît plus personne ne dépend de vous ! Assurez-le alors qu'il continue à compter pour vous, même s'il n'est plus capable aujourd'hui de faire certaines choses.

L'essentiel

- **La vieillesse est une longue crise, difficile à vivre, avec peu de bénéfices. Pour se protéger, les personnes âgées ont tendance à utiliser différents moyens de défense, allant du déni à la régression.**

- **Si votre parent ne supporte pas les frustrations de la vieillesse, il est important de l'aider à en parler.**

- **Lorsqu'il ne peut plus rien faire de ce qui l'intéresse, essayez avec tact et délicatesse de le tourner vers d'autres centres d'intérêt.**

Chapitre 4
Il ne s'arrange pas avec l'âge

Parfois, en vieillissant, nos parents deviennent tout ce que nous espérons ne pas être à leur âge : ils se négligent, sont égoïstes ou agressifs, nous critiquent en permanence, se plaignent sans cesse... Comment réagir face à ces changements ?

On vieillit comme on a vécu

Tel est l'adage populaire ! Qu'en est-il vraiment de l'évolution du caractère avec l'âge ? Même si vieillir n'est jamais facile, il n'y a pas, pour autant, de modifications importantes de la personnalité au cours de cette période. Lorsque le vieillissement se déroule à peu près bien, certains traits de caractère peuvent tout au plus s'accentuer légèrement. Par contre, si des événements difficiles surviennent (maladie, dépendance, deuils particulièrement douloureux ou nombreux...), des changements de personnalité peuvent s'opérer. La nature de ces évolutions dépend de nombreux facteurs tels que la volonté, les capacités d'adaptation, l'environnement affectif et social. Ce n'est donc pas parce que votre parent est quelque peu autoritaire qu'il deviendra forcément un vieux exigeant, acariâtre et tyrannique ! De la même façon, votre mère que vous avez connue si douce et attentive aux autres deviendra peut-être un peu agressive suite aux aléas de la vieillesse.

Il est devenu très agressif

Les personnes âgées ont parfois la réputation d'être autoritaires, exigeantes, capricieuses, voire tyranniques, méchantes... Certaines ressembleraient à tatie Danièle du film d'Étienne Chatillez, qui met en scène une vieille dame qui empoisonne la vie de son entourage. Ces comportements agressifs ne sont cependant pas une généralité. Mais lorsqu'ils existent, ils se manifestent aussi bien verbalement que par le biais d'attitudes non verbales. Vous allez avoir droit à des reproches prononcés avec colère : « Tu ne comprends rien, mêle-toi de tes affaires ! », « Tu n'es jamais là quand j'ai besoin de toi ! », ou bien à des petites « piques » plus subtiles : « Ah, tu as encore changé de voiture ? Tu es riche, toi ! » Les menaces et le chantage peuvent aussi être utilisés : « Puisque je ne fais rien de bien, ce n'est pas la peine de m'amener les enfants à garder samedi soir ! » Quant à l'ironie, elle peut, elle aussi, exprimer de l'agressivité : vous faites une remarque à votre parent, et la réponse fuse : « C'est vrai que toi, tu ne te trompes jamais ! » ; vous arrivez en retard et vous êtes accueilli par : « Ah ! te voilà déjà ! » Enfin, l'opposition (« Non, je n'irai pas chez le médecin ! ») et la passivité (faire la tête, se murer dans le silence), fréquentes dans la vieillesse, peuvent témoigner d'une attitude hostile.

Si l'agressivité peut faire partie des traits de personnalité, elle est aussi susceptible d'apparaître lorsque la personne est amenée à vivre des événements difficiles pour elle, lorsqu'elle est confrontée à la frustration. C'est peut-être la raison pour laquelle votre mère, autrefois si douce, est devenue irritable et désagréable, et ce d'autant plus qu'elle a des difficultés à exprimer clairement la souffrance qu'elle ressent. Ce qu'on considère comme de la méchanceté exprime parfois une forme de protestation contre les avatars du vieillissement.

Quand le caractère devient difficile avec l'âge

L'agressivité est dure à vivre pour les proches, parce qu'ils se sentent attaqués personnellement, alors qu'il y a fréquemment un déplacement de l'agression. Chacun d'entre nous connaît bien ce mécanisme: vous avez eu une altercation avec votre patron, et comme c'est votre chef, mieux vaut ne pas répondre... Mais quand vous rentrez chez vous, vous vous mettez en colère contre votre fils pour une broutille; la frustration, le sentiment d'injustice que vous avez ressentis sur l'instant refont surface à ce moment-là. L'agressivité est envoyée à celui qui passe et avec qui il n'y aura pas trop de conséquences (donc, de préférence, un proche!), même si ce dernier a fait preuve d'une grande gentillesse. Il devient alors facile de rentrer dans une escalade psychologique sur le mode: «Tu m'agresses, je t'agresse en retour...», ou dans une stratégie de force et de chantage affectif: «Si tu continues, je ne viens plus te voir!» Les proches sont souvent trop impliqués, donc très vulnérables par rapport à l'agressivité, et le dialogue risque facilement de virer au pugilat. Pour se dégager, il faudrait pouvoir ne pas prendre toutes les piques qui nous sont envoyées pour des attaques personnelles, en ayant conscience que ce n'est pas forcément parce que nous faisons mal, mais parce que la personne se sent mal, ce qui est une nuance importante. Quand vous êtes confronté à l'agressivité de votre parent, essayez d'identifier ce qui se passe en vous : « Qu'est-ce que je ressens ? Qu'est-ce qui est touché en moi ? » Plutôt que d'essayer d'oublier ce qui vous a blessé, parlez-en à un proche pour évacuer vos émotions. Évitez les ruminations du genre « J'aurais dû faire ceci », « J'aurais dû lui répondre cela », et centrez-vous sur le futur : « La prochaine fois, comment pourrais-je réagir pour être moins atteint ? »

Sachez que, face à l'agressivité, si vous arrivez à garder votre calme et à dire à votre parent, par exemple : « Je sens que quelque chose ne va pas, tu as l'air en colère », ou : « Si j'ai bien compris, tu es mécontent parce que... », cela peut l'aider à se sentir reconnu dans ses émotions et il est possible que vous parveniez à désamorcer un peu son hostilité. Cependant, il ne sera pas toujours prêt à reconnaître qu'il y a de la souffrance sous ses comportements, surtout si c'est vous qui lui dites. Le recours à un intermédiaire (votre mari, votre tante, par exemple) peut, dans certaines situations, être bénéfique. Il ne veut vraiment rien entendre ? Tentez de lui dire clairement que c'est dur pour vous d'être accablé de reproches à chaque fois que vous lui rendez visite. On ne doit pas tout accepter de notre parent sous prétexte qu'il vieillit, sinon, c'est comme si nous ne le considérions plus comme responsable de ses actes. En réagissant à son attitude déplaisante, nous lui montrons les conséquences de son comportement et restons dans une relation d'adulte à adulte (*voir* chapitre 8).

Il ne s'intéresse qu'à lui

Pour votre père, seuls son chat, sa télé, son fauteuil présentent encore quelque intérêt... Vous parlez à votre mère de vos soucis de santé, elle vous écoute d'une oreille distraite et se met à se lamenter sur le bruit que font régulièrement ses voisins... Elle vous téléphone pour vous dire qu'elle aurait besoin que vous l'emmeniez chez l'opticien pour changer ses lunettes... et oublie de vous demander comment s'est passé l'entretien d'embauche de votre fille. Cette attitude est-elle vraiment nouvelle chez votre parent ? Cela est peu probable ! Si l'égocentrisme a tendance à prendre plus d'importance avec l'âge, néanmoins, il correspond vraisemblablement à un trait de caractère de votre parent. Toute sa vie, votre père s'est-il intéressé à autre chose qu'à lui-même et à son petit confort ? Votre mère a-t-elle quelquefois manifesté de l'écoute et de la compassion pour les difficultés vécues par son entourage ?

Alors, aujourd'hui qu'ils ne travaillent plus, qu'ils connaissent peut-être certaines difficultés liées à leur âge, il n'est pas étonnant que le repli sur eux-mêmes les guette. Il est même possible qu'ils s'aigrissent en trouvant que tous ceux qui profitent de la vie autour d'eux sont indifférents et ingrats.
Ils en arrivent même à ne plus vouloir participer aux fêtes de famille sous prétexte qu'ils sont trop fatigués. Cette attitude est très frustrante pour les proches qui ont l'impression de ne pas compter. Si vous ne l'avez jamais fait, vous pouvez toujours tenter d'exprimer à votre parent ce que vous ressentez, et lui parler des conséquences que son comportement a sur vous. Mais s'il passe à autre chose ou vous reproche de ne pas le comprendre, n'insistez pas! Il ne vous reste plus qu'à trouver la bonne distance!

La bonne distance

Comment l'établir? En repérant leurs travers. Alors, il devient plus facile de se mettre à l'abri, de les empêcher de nous nuire en maintenant une vigilance constante, en coupant court aux reproches, en écourtant les visites, par exemple. Comme le relate Patricia

Delahaie dans son livre *Être la fille de sa mère et ne plus en souffrir*, l'important est de ne pas rester passif : « Notre mère est une femme négative. Le sachant, nous éviterons les sujets lui donnant l'occasion de nous blesser et de nous nuire (...). Elle ne supporte pas la différence. Le sachant, ne parlons que de nos points communs ou d'elle-même, si elle est égocentrique. Subir notre mère, comme autrefois quand nous étions enfants, et choisir de la laisser être telle qu'elle est (...) sont des choses bien différentes. Dans la première situation, nous subissons. Dans la seconde, nous décidons des concessions que nous sommes prêts à faire pour que la relation se passe au mieux. » On ne peut pas changer nos parents, mais nous pouvons tenter d'alléger la relation que nous avons avec eux en décidant ce que nous sommes prêts à accepter.

Il se plaint sans arrêt d'avoir mal quelque part...

Chaque fois que vous téléphonez à votre mère, une grande partie de la conversation est consacrée à tous les maux dont elle souffre : aujourd'hui, elle a mal à la tête, et puis il y a toujours son dos qui la fait souffrir.

D'ailleurs, elle est allée voir un rhumatologue qui lui a donné un nouveau traitement. Une bonne partie de son temps est consacré aux visites chez les médecins, kinésithérapeutes, acupuncteurs, radiologues..., mais rien de sérieux n'a été découvert.
Les plaintes somatiques incessantes peuvent témoigner de l'anxiété de notre parent, ou même traduire un état dépressif. C'est le corps qui exprime ce qui ne peut être verbalisé. On montre aux autres qu'on a des raisons de souffrir, et qu'ils ont des raisons de s'inquiéter pour nous, de nous téléphoner ou de nous rendre visite fréquemment. Ces plaintes peuvent représenter en quelque sorte un appel à l'aide: «Je n'ai pas suffisamment confiance dans ce que je représente pour les autres, donc j'en rajoute en permanence pour qu'on s'intéresse à moi.»
Il est possible que ce soit une façon, inconsciente dans la plupart des cas, d'attirer l'attention, de continuer à être au centre de la discussion. Si nous nous inquiétons pour notre parent, nous pensons à lui, même quand il n'est pas là. La crise de la vieillesse fait parfois revenir nos parents à des modes de fonctionnement antérieurs dans leur développement. Les problématiques de la petite enfance sont réactivées, en particulier en ce qui concerne la demande d'amour. Dans ce cas, les

multiples plaintes somatiques viennent parler du retour de la peur d'être abandonné. Quand elle sera encore plus âgée, la régression poussera notre mère à s'intéresser de très près à tout ce qui concerne les fonctions naturelles : la nourriture est une préoccupation de première importance, tous les proches sont informés du bon ou du mauvais fonctionnement de ses intestins.

Que faire lorsqu'on n'en peut plus ? Évitons de lui renvoyer : « Tu as mal au dos, mais il y en a d'autres qui sont beaucoup plus malades ! » Quand on est mal, le cancer du voisin ne soulage pas forcément... Votre mère cherche à ce qu'on s'intéresse à elle, pas aux voisins ! Si vous pouvez, essayez de lui dire le plus gentiment possible : « Je comprends que ce soit difficile pour toi, que tu souffres, mais c'est très pénible pour moi de t'entendre te plaindre sans arrêt. » Ce sera entendu, ou pas... Peut-être vous répondra-t-elle : « Je sais bien que ma santé ne t'intéresse pas ! », mais cela vaut la peine d'essayer ! Sinon, vous pouvez tenter de changer de sujet quand votre parent entame la litanie des plaintes : « Et ton amie Colette, elle est passée te voir ? » Essayez d'évoquer des sujets plaisants, en vous appuyant sur une période heureuse de sa vie, sur vos bons souvenirs en commun. C'est par tâtonnements que vous pourrez prendre conscience de ce qui la sort de sa spirale négative.

Elle se néglige…

Votre mère, qui était si coquette, reste désormais toute la journée en pantalon et vieux pull et ne se maquille plus que pour de rares occasions. Les taches que vous repérez régulièrement sur sa robe ont le don de vous mettre de mauvaise humeur dès votre arrivée chez elle. C'est toujours difficile de voir nos parents ne plus être soucieux de leur apparence. Alors, sitôt la porte franchie, vous ne pouvez vous empêcher de lancer: «Maman, tu exagères, tu pourrais quand même changer de robe plus souvent!» Et voilà l'échange mal engagé! Leur laisser-aller nous renvoie une image de la vieillesse que nous n'avons pas du tout envie de voir.
Les nombreuses femmes qui continuent à prendre soin d'elles en dépit de leur grand âge soulignent combien c'est important pour leur moral. Si ne plus mettre un tailleur tous les matins quand on ne travaille plus est compréhensible, un désintérêt pour son apparence indique souvent une mauvaise estime de soi: «Je ne vaux même plus la peine de m'occuper de moi! Puisque je n'intéresse plus les autres, à quoi bon faire des efforts?» C'est peut-être aussi l'identité sexuelle qui est atteinte: «Je ne suis plus désirable, donc cela ne vaut plus le coup que je sois coquette.»

Quand le caractère devient difficile avec l'âge

Si vous dites abruptement à votre mère d'aller changer sa robe qui est sale, elle risque de se vexer. Allez-y très progressivement et avec tact, même si elle ne retrouve pas une apparence parfaitement soignée dans les jours qui suivent ! Dites-lui que vous aimeriez bien qu'elle vous accompagne chez le coiffeur ou faire les magasins (c'est elle qui vous accompagne et pas l'inverse ! C'est donc elle qui vous fait plaisir, même si vous profitez de l'occasion pour l'inciter à s'acheter un nouveau pull !). Proposez-lui de jeter un coup d'œil sur le catalogue de vente par correspondance que vous venez de recevoir... Faites-lui des compliments sur les tenues qui lui vont bien. Il suffit parfois de pas grand-chose pour renouer avec certains plaisirs, celui d'être bien coiffée, bien habillée : « Je te trouve très bien quand tu te maquilles un peu. Pourquoi tu ne mettrais pas cette robe jaune qui te va si bien ? » Toutes ces suggestions sont préférables aux remarques désagréables qui ne font qu'aggraver le manque d'estime de soi... Si vous habitez loin, vous pouvez essayer de voir si quelqu'un de l'entourage de votre parent, femme de ménage, voisine, cousine, pourrait contribuer à cette stimulation.
Cela dit, s'il vous semble que le laisser-aller est important, une consultation médicale est nécessaire car ce comportement peut s'inscrire dans un contexte dépressif.

Elle est exigeante

On trouve souvent que les personnes âgées deviennent capricieuses. Quand elles ont décidé quelque chose, il faudrait répondre quasi immédiatement, alors que vous savez pertinemment que, dans la plupart des cas, il n'y a aucun caractère d'urgence. Ces exigences qui vous paraissent excessives ont le don de vous hérisser le poil! Votre mère a décidé de changer les rideaux de sa cuisine; elle vous demande de l'accompagner en ville pour en choisir de nouveaux et se met en colère quand vous lui proposez de le faire la semaine prochaine, en vous accusant de ne jamais avoir de temps à lui consacrer... Votre père aurait besoin d'un petit coup de main pour débarrasser le grenier de vieilleries; lorsque vous arrivez le week-end suivant pour l'aider, vous découvrez qu'entre-temps, il a fait appel à votre frère! Tous les dimanches, le même scénario se répète: vous êtes tranquillement en train de papoter, et tout à coup, votre mère se lève et déclare: «Bon, je suis fatiguée, je veux rentrer chez moi!» Comme vous avez envie de traîner au moment du café, vous lui proposez d'aller s'allonger un peu sur le canapé, mais elle vous répond qu'elle «ne vient pas chez les autres pour dormir!».

Quand le caractère devient difficile avec l'âge

Il est difficile de comprendre et d'accepter de tels comportements parce qu'on n'a plus envie de se retrouver dans la situation du petit garçon ou de la petite fille qui doit obéir au doigt et à l'œil. Mais, pour votre parent, c'est peut-être une manière de rendre les autres dépendants de soi pour contrebalancer le fait d'être dépendant des autres: «C'est moi qui décide de l'heure à laquelle je veux rentrer», «C'est moi qui décide quand j'ai besoin d'aide». Les caprices peuvent relever d'une forme d'appel: on souffre d'être vieux et on a besoin de manifester aux autres sa présence au monde et à la relation. «Pour le cas où vous l'auriez oublié, je vous rappelle que j'existe», même si c'est sur le mode agressif! Il faut savoir aussi qu'avec l'âge, les rituels prennent de l'importance et sont des repères qui procurent une certaine sécurité. Les personnes âgées ont également conscience que le temps est désormais compté; alors, quand le temps file entre les doigts, ce qui est acquis est acquis: lorsque votre parent exige que vous répondiez à sa demande dans les plus brefs délais, il manifeste son besoin d'avoir des satisfactions immédiates.

Même si vous pouvez accepter quelques manies de votre mère, il n'est pas question, pour autant, que vous deveniez esclave de tous ses *desiderata*. Vous pouvez lui dire que vous comprenez qu'elle soit fatiguée, mais que vous lui offrez la possibilité de se reposer. Manifestez le plaisir que vous avez à constater qu'elle a encore des désirs quand elle souhaite changer ses rideaux, mais expliquez-lui que vous avez aussi des contraintes dans votre vie, qu'un peu plus de souplesse de sa part vous faciliterait les choses. Dites-lui qu'accepter une part d'imprévu permet parfois d'avoir de bonnes surprises. Et si tout cela ne sert à rien, fixez des limites claires ! (*voir* chapitres 6 et 8).

Ils radotent...

Votre père raconte toujours les trois ou quatre mêmes anecdotes, et vous ne supportez plus de les entendre... Il faut dire que s'il se contente de tuer le temps en attendant l'heure du repas, le prochain match de foot à la télévision ou le passage régulier de son voisin, il n'a plus que des broutilles à raconter et s'enferme dans les vieilles histoires, celles de l'époque où il vivait vraiment. Revenir sans cesse sur son histoire passée peut être une façon de parler de qui on a été parce qu'on ne donne plus de valeur à celui qu'on est actuellement. Votre père était consultant et continue à donner des conseils à tout le monde. Votre mère était institutrice et voudrait encore éduquer tous les enfants qu'elle croise. «On n'est plus ce qu'on était» montre que l'identité est atteinte. On fait des efforts pour tenir tête, on rappelle qu'on a fait de la compétition de ski, qu'on était courtisée par tous les hommes... On montre et on remontre les mêmes photos pour témoigner de qui on fut. Puisqu'on n'a plus cette jeunesse et ces capacités, au moins peut-on prouver qu'on les a eues. Ce passé valorisant que votre parent ressasse sans cesse l'aide à accepter un présent moins satisfaisant. L'évocation des événements importants de sa vie peut lui permettre de continuer à se sentir le même en dépit des années. Mais revenir sans cesse sur le passé peut aussi avoir l'effet inverse: on se remémore les bons moments pour mieux les regretter et pour s'apitoyer encore davantage sur son sort d'aujourd'hui: «Regardez ce que j'étais, regardez ce que je suis devenu... Je ne suis plus capable de rien.» Votre parent peut choisir aussi de ne ressasser que les échecs, les difficultés, les regrets, pour en arriver à la conclusion qu'il n'a pas eu une belle vie... La vieillesse est également une période où l'on est conduit à faire le bilan de sa vie; les «radotages» peuvent alors servir à revenir sur des situations avec lesquelles on a besoin de se mettre en paix pour se réconcilier avec son passé.

Quoi qu'il en soit, c'est agaçant pour l'entourage, il faut bien le reconnaître. On peut dire gentiment : « Ça, tu me l'as déjà raconté », avec tact, car si votre parent ne s'en souvient pas, il peut être blessé ou en colère que vous lui fassiez remarquer cette faiblesse. On peut encore essayer de changer de sujet en disant par exemple : « Et si tu me parlais de... », pour le ramener à des aspects plus plaisants de sa vie ou à d'autres épisodes que l'on connaît moins bien ! S'il vous semble qu'une mauvaise image de soi se cache derrière ces ruminations, essayez de le valoriser sur ce qu'il est encore capable de faire et sur ce qu'il est (*voir* chapitre 3). Si on sent que des événements anciens le font souffrir, on peut essayer de l'inviter à en parler, s'il en a envie, et si on est prêt à l'écouter.
Attention cependant, n'oubliez pas que répéter toujours la même chose ou poser toujours la même question peut témoigner de perturbations de la mémoire : votre parent ne se souvient plus de ce qu'il a dit quelques minutes plus tôt. N'hésitez pas dans ce cas à prendre l'avis d'un médecin.

Il est devenu très pingre… ou il jette son argent par les fenêtres !

Alors qu'il était plutôt généreux, voilà que notre parent a de plus en plus de mal à sortir son portefeuille. Ou bien encore, il refuse des sorties sous prétexte qu'il n'a pas d'argent alors qu'il aurait tout à fait les moyens de se les offrir. À l'inverse, il peut se mettre à dilapider toutes ses économies avec insouciance. Avec l'âge, il est fréquent que le rapport à l'argent se modifie. La peur de l'avenir, la peur de manquer se rencontrent plus fréquemment chez les personnes qui ont connu des restrictions à cause de la pauvreté ou de la guerre : ne pas trop dépenser, c'est prévoir les éventuels pépins susceptibles de survenir dans la vieillesse ; pour la génération de nos parents, cela peut également correspondre au désir de transmettre un héritage à ses enfants. Mais il se peut aussi que, face aux nombreuses autres pertes subies, votre parent veuille garder le peu qui lui reste, à savoir l'argent… Ce dernier permet de conserver un certain pouvoir, en décidant de le donner ou pas : « Je ne peux plus décider de grand-chose, mais je peux encore disposer de mon argent. » L'argent, c'est encore de l'affectivité qui renvoie moins à la question « Qu'est-ce que je possède ? », qu'à «Qu'est-ce que je vaux?» et «Quelle valeur est-ce que je donne aux autres?». Désormais obligés de «compter» autrement, vos parents se demandent s'ils comptent encore pour les autres, ce qui a aussi pour conséquence qu'ils se sentent redevables vis-à-vis des personnes qui s'occupent d'eux. La voisine de votre père lui apporte tous les jours son journal: il couvre ses enfants de cadeaux pour témoigner de sa reconnaissance, et peut-être aussi pour qu'elle ait un peu d'affection pour lui. Dans ces circonstances, vous pouvez toujours lui expliquer qu'un petit geste de temps en temps peut être suffisant. De même que vous pouvez proposer vos services à votre parent pour l'aider à examiner son budget si la crainte de manquer l'angoisse beaucoup. Cependant, si nos parents sont en pleine possession de leurs facultés intellectuelles, nous n'avons pas à trop nous mêler de leurs finances. Ils ont le droit de dépenser leur argent comme ils l'entendent, sauf si vous constatez un jour qu'ils ne payent plus leur loyer, leurs notes de téléphone, ou qu'ils se font dépouiller par des personnes peu scrupuleuses. Il est alors important de diagnostiquer d'éventuels troubles cognitifs qui pourraient altérer leur capacité de jugement.

L'essentiel

- Un parent agressif a souvent du mal à accepter son vieillissement. Le savoir peut nous rendre plus indulgents. Mais il ne faut pas pour autant le laisser être désagréable...

- Quand notre parent se laisse aller, c'est souvent le signe d'une mauvaise estime de soi.

- Si notre parent a peur de tout, que la téléalarme ne le rassure pas, c'est peut-être le moment de discuter avec lui d'autres solutions d'hébergement.

- Les personnes âgées radotent souvent parce qu'elles ont du plaisir à se remémorer les mêmes souvenirs, témoins d'un passé valorisant qui n'est plus.

Chapitre 5
Il va vraiment mal

Votre parent répète à l'envi qu'il n'est plus bon à rien? Les mots « suicide » et « euthanasie » reviennent comme un leitmotiv dans sa conversation? Il faut redoubler de vigilance.

Il a perdu sa femme, elle a perdu son mari…

Plus on avance en âge, plus les deuils s'accumulent : on perd ses amis, ses frères et sœurs… Et, à un moment donné, l'un de vos parents va perdre son conjoint. Pour un couple qui a longtemps vécu ensemble, c'est, dans la très grande majorité des cas, une épreuve très douloureuse, même si l'entente du couple n'a pas toujours été des meilleures. L'autre était le témoin de son histoire depuis de longues années, il assurait une présence susceptible d'adoucir les difficultés de la vieillesse. Le décès du conjoint laisse le survivant du couple dans une extrême solitude et une grande fragilité. Quand les parents sont vraiment très âgés, il arrive d'ailleurs assez souvent que celui qui reste ne survive pas très longtemps à la disparition de l'autre.

Tout individu qui traverse un deuil a besoin de pouvoir exprimer ses émotions, de pleurer sans retenue, de parler de la personne disparue et de ce qu'il a partagé avec elle. C'est parfois aussi de la colère que la personne endeuillée aura besoin de manifester : colère de votre mère contre son mari qui la laisse désormais toute seule ou qui n'a peut-être pas voulu se soigner assez tôt. Cette réaction est normale et fait partie du travail de deuil.

Dans cette période, votre parent a besoin d'être accompagné, mais si vous êtes vous-même en grande souffrance, vous n'êtes peut-être pas la personne la mieux placée. Si la souffrance de votre parent vous ramène de trop près à la vôtre, essayez de voir si quelqu'un d'autre, peut-être un peu moins affecté, peut le soutenir. Et n'oubliez pas que, même au bout d'un an, on peut encore s'effondrer en larmes à l'évocation du défunt. Si cette tristesse n'est pas permanente, il n'y a rien d'anormal à cela. Évitez les paroles qui se veulent rassurantes, comme : « Ne pleure pas, pense à tes petits-enfants ! », ou :

«Change-toi les idées, sors!», ce qui n'empêche pas de lui proposer une promenade à la campagne...

Il parle de suicide

«Si ça continue, je vais me jeter par la fenêtre», «De toute façon, si j'étais mort, ça serait mieux pour tout le monde»... Ces plaintes peuvent être la simple expression d'un mal-être et un appel, mais cela peut être aussi plus sérieux. Quand une personne âgée parle de suicide, de son manque de goût pour la vie, une vigilance extrême s'impose toujours. En aucun cas, il ne faudra minimiser ses propos. Les chiffres sont là, terribles: le taux de suicide est six fois plus élevé à partir de quatre-vingt-cinq ans qu'entre quinze et vingt-quatre ans, notamment chez les hommes. Les tentatives de suicide surviennent souvent à l'occasion de situations de crise: deuil, maladie, dépendance... L'isolement et la solitude sont également des facteurs de risque. Soyez vigilant, essayez d'observer si ces paroles s'inscrivent dans un contexte dépressif: troubles du sommeil, fatigue permanente, tristesse, désintérêt de tout, absence de plaisir... Dans tous les cas, mieux vaut inviter votre parent à consulter son médecin: s'il vous semble que vous n'êtes pas la personne qui peut

lui conseiller cette démarche, essayez de voir dans son entourage proche qui pourrait le faire.
Quoi qu'il en soit, il est important d'être attentif aux signes éventuels d'une dépression qui, chez les personnes âgées, sont parfois difficiles à détecter. La dépression peut, en effet, se manifester essentiellement par des troubles somatiques (maux de tête, douleurs diverses, agressivité...), que l'on peut avoir tendance à considérer comme normaux compte tenu de l'âge de notre parent. Il est important de savoir que, fréquemment, les personnes âgées qui font des tentatives de suicide n'ont jamais parlé à qui que ce soit de leur intention. Nos parents ont beaucoup de difficultés à exprimer leur souffrance psychologique qui peut donc passer inaperçue. Si une dépression est diagnostiquée, un traitement médical sera nécessaire avec, éventuellement, un soutien psychologique. Beaucoup de personnes âgées ne veulent surtout pas de ce genre de traitement sous prétexte qu'elles «ne sont pas folles». Prenez le temps d'expliquer à votre parent qu'il s'agit simplement de rencontrer quelqu'un qui pourra l'écouter avec chaleur et compréhension: ce serait dommage qu'il s'en prive. Il est important que nos parents ne s'isolent pas et gardent des relations avec leur entourage immédiat, les voisins, les commerçants, les amis...

Sachez que vous n'êtes pas responsable de la vie de votre parent. Si un événement particulièrement douloureux est survenu, il s'est ancré dans le vécu de toute une vie et a peut-être réveillé des douleurs plus anciennes. Peut-être aussi que le désir de vivre s'est étiolé progressivement avec les difficultés de l'avancée en âge. Peut-être que le choix de la mort, que ce soit en se suicidant ou en se laissant glisser petit à petit, est une dernière manifestation de dignité et de liberté. Chacun vit sa vie comme il peut, et même si vous n'avez rien senti venir, vous n'en êtes pas coupable.

Elle vous dit qu'on vit trop vieux...

Votre mère vous répète qu'elle sent bien qu'elle est une charge pour tout le monde. Elle vous dit qu'on vit trop vieux et qu'elle ne comprend pas « pourquoi le Seigneur n'est pas encore venu la chercher ». Elle en a assez de la vie et ne lui trouve plus de sens. Ces propos ne signifient pas forcément qu'elle a réellement envie de mourir, mais ils méritent que vous vous y arrêtiez. Ne vous contentez pas de détourner la conversation en lui disant : « Tu dis ça parce que tu n'as pas le moral ; tu es fatiguée, tu viens d'avoir la grippe, mais tu vas voir dans quelques jours ça ira mieux ! Tiens, je vais te faire un bon thé avec les gâteaux que tu aimes ! » De cette façon, vous n'offrez pas à votre mère la possibilité de parler de ce qui est difficile pour elle, alors qu'il s'agit peut-être d'un appel au dialogue. Si vous vous sentez prêt, vous pouvez lui demander ce qu'elle veut dire précisément quand elle vous tient ces propos. Elle vous dira peut-être combien elle souffre de se sentir dégradée et d'être dépendante des autres, qu'elle n'est plus bonne à rien... Parfois, le simple fait de s'exprimer et de s'entendre répondre que vous comprenez que tout cela est difficile pour elle peut lui faire du bien. Dans un second temps, vous pourrez lui dire que tout ce que vous faites, c'est avec plaisir et parce que vous tenez à elle. Essayez de savoir aussi s'il n'y a vraiment plus rien qui lui ferait plaisir. Même si elle vous répond par la négative, sachez que ce moment où vous lui avez permis de parler de ce qu'elle ressent est déjà très important et que cela n'aura pas été inutile, même si le lendemain, elle vous tient le même discours... Il n'est pas forcément facile pour un enfant d'entendre son parent dire qu'il veut mourir, qu'il se sent trop seul depuis le décès de son conjoint... Peut-être au fond de vous ressentez-vous un petit pincement au cœur en vous disant : « Et moi, alors, je ne compte pas ? Nous, ses enfants, ne sommes pas une raison suffisante de vivre ?» Mais vous ne pouvez pas, d'un coup de baguette magique, rendre la vieillesse de votre parent facile à vivre. La perspective de la disparition de nos parents peut cependant sérieusement nous ébranler, quel qu'ait été le vécu de notre enfance. Vous avez reçu beaucoup d'amour de la part de vos parents : il vous est douloureux d'envisager que cela ne soit plus un jour. Vous avez le sentiment de ne pas avoir été assez aimé, assez reconnu : il va vous falloir faire le deuil de la relation que vous n'avez pas eue, et perdre l'illusion qu'ils vous donneront un jour ce qu'ils ne vous ont jamais donné... C'est peut-être la raison pour laquelle nous avons du mal à les entendre nous dire qu'ils en ont assez et qu'ils aimeraient bien partir...

Et si on le prenait avec nous ?

Quand nos parents deviennent de plus en plus dépendants, nous pouvons être tentés de leur proposer de venir habiter avec nous, soit que nous ayons le désir de tout faire pour leur rendre leur vieillesse la plus agréable possible, soit parce que nous cédons à leur pression. Certes, de plus en plus de personnes âgées affirment ne pas vouloir devenir une charge trop importante pour leurs enfants et estiment que chacun doit avoir sa vie. Mais quelques-uns déclarent qu'eux se sont bien occupés de leurs parents et qu'il n'y a pas de raison que leurs enfants ne fassent pas de même ! Cela dit, vous avez le droit de refuser que votre père ou votre mère vienne habiter avec vous. Sachez alors que vous risquez de passer par une période difficile, surtout s'il se met en tête de vous culpabiliser ou de vous faire du chantage. Ne vous laissez pas déstabiliser et expliquez clairement vos raisons, tout en l'assurant de votre affection et de votre présence. Si vous envisagez sérieusement de prendre l'un de vos parents chez vous, prenez le temps de la réflexion et envisagez de façon approfondie avec votre conjoint et vos enfants l'impact d'une telle mesure sur tous les aspects de votre vie. Serez-vous capable de l'assumer ou est-ce la culpabilité qui vous guide ? Essayez d'y voir clair dans vos motivations, avant de prendre une telle décision. Demandez-vous aussi ce que vous ferez si cela ne « marche » pas, et évoquez cette éventualité avec votre parent.

Lorsque ce dernier viendra habiter chez vous, il sera nécessaire de bien définir les règles de la vie commune. Veillez à préserver votre vie de couple et de famille, en dehors de la présence de votre parent.

L'essentiel

- Si votre parent traverse une période de deuil, soyez particulièrement vigilant : il a besoin d'être entouré car le risque de dépression est très élevé.

- Les tentatives de suicide sont nombreuses chez les personnes âgées. Elles nécessitent un suivi médical et une aide psychologique, en plus d'un soutien affectif.

- Sous prétexte qu'il est devenu plus dépendant, ne nous précipitons pas pour prendre notre parent chez nous sans avoir mûrement réfléchi aux conséquences de cet engagement pour nous et pour nos proches.

Chapitre 6
Au secours, je craque !

Quand nos parents ont besoin d'une aide constante, il arrive qu'ils pèsent énormément sur notre vie. Au risque d'oublier d'exister nous-mêmes et de mettre notre santé, voire notre couple, en péril...

Elle me harcèle au téléphone

La sonnerie de votre téléphone retentit au bureau : c'est votre mère qui vous rappelle que vous devez lui acheter des yaourts ! Puis, c'est au tour de votre portable, alors que vous êtes en train de déjeuner avec des collègues : « Il y a ton cousin qui vient dimanche, est-ce que vous voulez venir déjeuner avec nous ? » Deux heures plus tard, elle vous rappelle pour vous dire que si vous venez dimanche, ce serait bien que vous vous occupiez du dessert ! Vous raccrochez, vous n'en pouvez plus, et vous êtes en colère contre votre mère et contre vous-même d'être ainsi à sa disposition en permanence. Ce genre de situation ne s'installe pas du jour au lendemain, mais progressivement. Sans doute au début vous appelait-elle trois fois par semaine, puis tous les samedis, puis une fois par jour, et maintenant, il n'y a plus de limite, toutes les raisons sont bonnes ! Imperceptiblement, vous avez laissé votre mère gagner du terrain, et vous ne savez plus comment vous en sortir.

Ces appels peuvent correspondre à un besoin de se rassurer : je te rappelle que j'existe au cas où tu m'oublierais... La solitude est peut-être aussi trop pesante et parler à quelqu'un devient presque une urgence. Il peut s'agir également d'une volonté, inconsciente, de vous maintenir sous sa coupe (elle doit être plus importante que toutes vos autres occupations et obligations !). Vous pouvez essayer de lui demander : « De quoi as-tu besoin, pour m'appeler trois fois par jour alors qu'il n'y a pas d'urgence ? » Tranquillisez également votre mère sur le fait que vous pensez à elle, même si vous ne lui téléphonez pas. Ce n'est pas suffisant ? Passez alors au registre de l'affirmation de soi, en fixant vos propres limites : « Écoute, je travaille, je suis très occupée, je te propose qu'on se fixe des rendez-vous téléphoniques. » Après avoir essayé de comprendre ses raisons, vous lui signifiez clairement que ces appels incessants sont trop pesants pour vous. Faites entrer progressivement votre décision dans les faits, pour revenir petit à petit à une situation acceptable : proposez-lui par exemple d'abord un appel par jour, puis un tous les deux jours (c'est vous qui fixez la fréquence qui vous semble la bonne). Il se peut que cela soit suffisant pour remettre les choses en place. Si votre mère essaie à nouveau de grignoter du terrain, ne lâchez pas (sauf situation exceptionnelle, bien sûr !), car si elle sent la moindre faille, elle risque d'en profiter pour entrer à nouveau dans le même système. Elle doit accepter que vous ayez votre propre vie. Elle ne veut pas prendre en compte votre demande ? Bénissez l'inventeur des numéros d'appel qui s'affichent sur l'écran des postes, sans parler des répondeurs ! Alors, laissez sonner, ne répondez plus jusqu'à ce qu'elle comprenne... L'évitement peut être le meilleur moyen de sauvegarde pour ne pas être envahi, même si une explication franche vaut toujours mieux. Attendez-vous aussi peut-être à ce qu'elle ne tienne pas compte de ce que vous lui avez dit, histoire de vous tester, inconsciemment bien sûr. Si vous voulez sortir du jeu psychologique dans lequel vous vous êtes installées, ayez conscience que votre mère risque de déployer (toujours inconsciemment d'ailleurs) les grands moyens pour combattre votre désir de poser vos limites. Elle peut jouer sur le versant dépressif en disant que cela ne va pas du tout, vous faire une grande scène en s'effondrant en larmes parce qu'elle «sent bien que vous ne l'aimez pas...». Elle peut même se bloquer le dos: elle est coincée au lit, ne peut plus rien faire, et vous êtes obligée de passer la voir deux fois par jour. Il n'est pas question de dire que votre mère simule un mal de dos, puisqu'elle est réellement bloquée! Mais l'inconscient est parfois très puissant... Dans ce cas, faites ce qu'il faut, mais dès qu'elle en a fini avec son lumbago, reprenez le cap et rappelez votre décision. Si vous vous apercevez qu'elle cherche de bonnes raisons pour vous contraindre à passer la voir, essayez de trouver des solutions alternatives: elle a besoin de courses, faites appel à d'autres membres de l'entourage ou dites-lui de passer une commande et de se faire livrer! Son arthrose du genou l'empêche de marcher: voyez qui peut prendre le relais matériellement ou faites appel à une aide momentanée (voisine, étudiante que vous rémunérerez si vous en avez la possibilité)... Sortir d'une telle situation peut prendre du temps. Armez-vous donc de patience!

Elle me critique en permanence

« Tu aurais pas un peu grossi, toi ? » ; « Qu'est-ce que c'est cette robe, on dirait un sac ! » ; « Tu ne sais vraiment pas t'y prendre avec tes enfants ! »... Les critiques de votre mère pleuvent, vous encaissez, ne répondez rien, mais vous vous sentez blessée quand même... Votre mère vous fait si rarement des compliments...
Parfois, la rivalité ancienne entre mère et fille se réveille ou s'accentue dans la vieillesse. Les mères très narcissiques, notamment, n'acceptent pas le vieillissement et la dégradation de leur image. En dépréciant leur fille plus jeune, plus belle, ces mères tentent de se revaloriser. Alors, au lieu de se réjouir des atouts de leur fille, elles en font un thème de critique récurrent, tant il leur est difficile d'accepter que cette dernière possède encore ce qu'elles ont perdu. Si vous avez pris suffisamment de distance pour ne pas vous sentir affectée par les critiques de votre mère, vous pouvez laisser couler... Sinon, évitez de répondre sur le même registre en lui retournant, par exemple : « Tu peux parler, toi qui as pris dix kilos en trois ans ! » Vous espérez peut-être ainsi qu'elle se rende compte de l'effet que peuvent avoir de tels reproches ? Mais c'est peine perdue ! Inutile aussi de porter un jugement sur ses propos en lui répondant que

ce n'est pas gentil : elle n'est sûrement pas en situation de l'entendre... Dites-lui plutôt l'effet que produisent de telles réflexions, expliquez-lui ce que vous ressentez quand elle vous parle ainsi (*voir* chapitre 8). Mais, encore une fois, tout dépend de notre histoire passée et de la façon dont nous avons l'habitude de communiquer avec notre mère...

• **Vous pouvez aussi adopter la « technique de l'édredon » :**
Votre mère : « Qu'est-ce que c'est, ce pull ? Tu l'as retrouvé dans ton grenier ? »
Vous : « Pas du tout. Qu'est-ce qui te fait penser ça ? »
Votre mère : « Il est tout déformé et pelucheux ! »
Vous (*édredon*) : « C'est possible. »
Votre mère : « Il fait vraiment vieillot ! »
Vous (*édredon*) : « Peut-être... J'aime bien quand ça n'a pas l'air trop neuf ! »
Votre mère : « T'as quand même des goûts spéciaux... Je ne t'ai pourtant pas élevée comme ça ! »
Vous (*édredon*) : « C'est possible, mais c'est ton opinion. »

• **Vous pouvez enfin adopter la « technique du canard » :**
Il ne peut pas empêcher la pluie de tomber, mais développe des techniques pour moins se mouiller, comme d'imperméabiliser ses plumes, par exemple... Tout glisse sur lui... Un moyen de prendre de la dis-

tance ? Quand votre parent vous assaille de critiques négatives, opposez-lui un « ancrage positif », qui consiste à se remémorer, en son for intérieur, un succès récent : le jour où l'on a apprécié votre intervention en réunion, cette remarque de votre ami qui pense que votre mère ne vous mérite pas... Toutes ces pensées tournées vers le positif vous permettent de résister à sa tactique de dévalorisation.

Je me sens coupable vis-à-vis de mes parents, vis-à-vis de ma famille

Comment résister au regard de votre mère qui n'a plus la force de faire ses courses ? Comment ne pas avoir envie d'inviter votre père tous les dimanches, même si cela vous occasionne une surcharge de travail, s'il vous dit l'air triste : « Je me sens si seul... » De son côté, votre conjoint en a assez de passer tous les dimanches avec votre père et de vous voir vous épuiser à lui préparer ses repas, à le conduire à droite et à gauche, à lui laver son linge... Votre fils est un peu triste que vous n'ayez pas pu venir le voir à son match de basket parce que vous ne pouviez pas laisser papi tout seul... Vous vous sentez tiraillé entre votre famille et votre parent qui vieillit et devient de plus en exigeant. Vous aimeriez bien lâcher un peu prise, en faire moins, seulement voilà : la culpabilité l'emporte.

C'est elle qui nous fait souvent agir bien au-delà de nos possibilités : on ne cesse de se répéter que notre parent est vieux, qu'il est de notre devoir de faire tout ce que nous pouvons pour l'aider. Il est pourtant essentiel de sentir jusqu'où nous pouvons aller, car, au-delà de nos limites, on risque de rentrer dans un cercle vicieux : j'en fais trop, je deviens irritable ; je m'en veux d'être agressif envers mon parent si dépendant, si vulnérable ; j'en fais alors encore plus pour couper court à ma culpabilité. Il est important d'apprendre à connaître et à respecter ses limites et d'accepter qui vous êtes. Agir à contrecœur finit par créer des problèmes relationnels : les non-dits, la fatigue, les ressentiments inconscients s'accumulent, la relation risque de se détériorer petit à petit. L'âge et la dépendance éventuelle ne donnent pas tous les droits à vos parents : vous avez aussi le droit à une vie personnelle, le droit d'être fatigué, de vous reposer, même si vos parents se plaignent de ne pas avoir assez de visites.

Dans un premier temps, regardez votre culpabilité en face, reconnaissez-la. Dans cette phase, il est important de vous interroger sur ce qui vous pousse à vous occuper autant de votre parent. Vous sentez-vous redevable de ce que vous avez reçu plus jeune? Voulez-vous, inconsciemment, vous faire pardonner quelque chose? Espérez-vous obtenir enfin en retour l'attention, l'amour dont vous avez manqué? Cédez-vous à la pression exercée par l'entourage ou à la pression sociale, qui a tendance à culpabiliser les enfants qui ne s'occupent pas suffisamment de leurs parents? Répondre à ces questions aide à y voir plus clair... Demandez-vous ensuite ce que vous avez envie vraiment de faire, ce que vous vous sentez obligé de faire, tout ce que cela vous coûte, en temps, en disponibilité, en énergie, en disputes potentielles avec votre conjoint, en frustrations pour vos enfants, et en quoi votre décision pourrait être source de souffrance pour votre parent. Maintenez le dialogue avec votre conjoint et vos enfants pour les associer aux décisions que vous avez à prendre et leur montrer ainsi leur importance. Essayez de trouver un juste équilibre entre votre désir et la portée éventuelle de vos actes. Demandez-vous s'il y a une réelle obligation et s'il n'y aurait vraiment pas d'autre alternative. À chaque fois que vous vous sentez coupable, vous pouvez aussi vous remémorer cette belle phrase transmise par une résidente en maison de retraite: «Faire ce qu'on peut, c'est faire ce qu'on doit.»

Quant à votre père qui ne sollicite que vous alors que vous êtes trois enfants et qui ne vous adresse jamais le moindre remerciement, vous pouvez lui dire : « Ça me soulagerait si tu demandais aussi à mes frères et sœurs de te rendre service. Ça me ferait plaisir que tu me dises merci de temps en temps. » Prenez un peu de distance, délicatement mais avec fermeté. Vous pouvez aller jusqu'à mettre les choses à plat avec lui en établissant en commun de nouveaux accords : faire appel à une aide à domicile, avoir moins de visites mais des appels téléphoniques… Il se peut que votre père le prenne mal momentanément. Expliquez-lui pourquoi vous pouvez assurer certaines tâches, et pourquoi vous ne pouvez pas en faire plus. Ayez conscience que vous existez aussi, et que votre parent, si faible et diminué soit-il, doit vous respecter et respecter votre vie propre. C'est, de toute façon, une meilleure garantie de disponibilité à son égard pour les moments que vous passerez avec lui.

Mon parent vit chez moi et j'ai du mal à le supporter

Il y a des moments où votre mère vous agace, vous énerve prodigieusement. Elle est tellement lente que

Chapitre 7
Il part en maison de retraite

L'entrée en maison de retraite est une décision difficile à prendre. Nos parents en font parfois la demande eux-mêmes, mais, malheureusement, dans un grand nombre de cas, c'est la dépendance physique ou psychique de notre parent qui conduit à envisager un placement.

« Surtout, ne me mettez jamais dans une maison de retraite ! »

Lorsque votre père était lucide, valide, ou encore lorsqu'il a commencé à sentir que ses capacités diminuaient, il n'a pas cessé de vous répéter : « Surtout, ne me mettez jamais dans une maison de retraite ! » Vous avez peut-être toujours évité de répondre en vous disant qu'on verrait bien le moment venu. Ou bien, incapable d'envisager l'éventualité de la dépendance de votre père, ou encore devant son insistance à vouloir vous faire prendre un engagement, vous lui avez promis que vous ne feriez jamais « ça », que vous le prendriez chez vous si c'était nécessaire... Mais la situation a évolué : vous avez fait appel aux services d'aide au maintien à domicile tant que c'était possible, et aujourd'hui, il semble qu'il n'y ait pas d'autre alternative à l'entrée en maison de retraite. Vous en avez parlé avec le médecin de votre père, avec des professionnels qui partagent votre avis, mais vous vous sentez lié par votre promesse... Vous n'avez pas à mettre en péril votre propre santé ou votre équilibre psychologique en acceptant de le prendre chez vous par fidélité à cette promesse. Il n'y a pas d'autre issue pour vous que l'authenticité et la vérité. Dites à votre parent que vous étiez sincère quand vous vous êtes engagé, que vous pensiez que vous pourriez le faire. Mais vous n'aviez alors aucune idée de la situation actuelle, vous ne pouviez pas vraiment savoir de quoi vous seriez capable et ce qu'il vous serait possible d'assumer concrètement. Expliquez-lui les raisons qui vous contraignent à la recherche d'un lieu d'accueil qui puisse s'occuper correctement de lui, y compris sur

le plan médical. Rassurez-le sur votre affection pour lui et dites-lui que vous viendrez le voir régulièrement, mais seulement si vous savez que vous le ferez !
Si votre parent n'avait encore jamais abordé la question, mais vous demande aujourd'hui de lui promettre de ne jamais le mettre en maison de retraite, évoquez avec lui ce qu'il envisagerait comme solution dans le cas où il deviendrait trop dépendant pour rester à domicile. S'il vous demande de lui faire des promesses qui engagent votre propre avenir, répondez-lui honnêtement que vous ne pouvez pas prévoir de quoi vous serez capable dans quelques années, même si vous l'assurez que vous ferez tout votre possible pour qu'il soit bien.
Insistons sur ce que nous sommes prêts à faire dans le présent, même s'il est difficile pour nos parents de perdre leurs illusions. Cette attitude franche est préférable : si par la suite nous ne pouvions pas tenir nos engagements, nous serions en proie à une culpabilité terrible et nos parents seraient confrontés à une frustration et à une souffrance peut-être encore plus grandes.

«Tu avais promis à papa de t'occuper de moi jusqu'à ma mort!»

Dans le registre des promesses, il en est encore de plus douloureuses à gérer: celles qu'on a faites à son parent à l'agonie. Notre parent, sur son lit de mort, nous a demandé, en allant puiser dans ses dernières forces, de bien prendre soin de notre mère et de nous occuper d'elle jusqu'à la fin... Comment ne pas dire, dans de telles circonstances: «Oui, papa, je te le promets»? C'est une situation extrêmement difficile et douloureuse. Mais rien n'est plus terrible que la parole donnée à un mort; si nous ne la tenons pas, nous ne pourrons pas lui en expliquer les raisons, et risquons de vivre avec ce remords et cette culpabilité pendant de longues années. Alors, aussi difficile que cela puisse être dans de telles circonstances, il est préférable pour tout le monde d'être dans l'authenticité et la vérité. Le mieux est de promettre de s'engager à s'occuper d'elle, mais dans la mesure de ses moyens, en précisant qu'il sera peut-être difficile, suivant les circonstances, de la prendre en charge jusqu'à sa mort. Ce n'est pas parce que notre père est mourant qu'il ne faut pas lui dire la vérité. Assurez-le de ce dont vous pouvez être certain: votre amour pour lui, votre volonté de faire tout ce que vous pourrez. Plus facile à dire qu'à faire ? C'est vrai, le poids de la dette vis-à-vis de ses parents est très lourd, la gravité de la situation et les intenses émotions qu'elle remue aussi. C'est pour cette raison qu'il est très important de discuter avec vos parents de l'avenir suffisamment tôt. Ce qui n'est pas non plus une mince affaire, car cela suppose que les uns et les autres acceptent le vieillissement, et l'éventualité de la maladie et de la dépendance…

Une décision qui se mûrit

Dans le meilleur des cas, il serait souhaitable de pouvoir discuter avec ses parents, tant qu'ils sont encore valides, de ce qu'ils souhaitent pour leur avenir dans l'hypothèse où ils deviendraient dépendants. Mais il n'est pas facile d'aborder ce sujet quand tout va bien ! En tout état de cause, toute éventualité d'entrée dans un établissement d'hébergement pour personnes âgées (logement foyer, résidence service, maison de retraite) devrait être soigneusement réfléchie, mûrie et discutée avec le parent concerné, y compris si c'est lui qui en a eu l'initiative. Si, dans certaines situations d'urgence, cette réflexion préalable n'est pas possible, dans tous les autres cas une évaluation de l'ensemble des facteurs médicaux, sociaux et psychologiques est souhaitable avec l'aide de professionnels, afin d'envisager toutes les solutions et de choisir celle qui, à défaut d'être idéale, sera la moins mauvaise. Il existe désormais des centres qui peuvent vous renseigner et vous aider dans ces décisions délicates et souvent très douloureuses pour tout le monde (*voir* Contacts utiles).

Quel que soit l'état de votre parent, lui mentir en disant par exemple qu'il va dans une maison de convalescence pour un ou deux mois, «le temps de te refaire une santé», alors qu'on sait très bien que cette éventualité semble largement compromise, n'est pas une bonne chose. Si vous agissez ainsi, c'est, bien sûr, avec les meilleures intentions du monde, dans le souci de le préserver, d'éviter un refus catégorique. Mais sachez que vous ne faites que reculer le problème, car votre parent risque de se douter de quelque chose et la confiance qu'il a en vous risque aussi d'en pâtir. N'oubliez pas que l'essentiel de la communication passe par le langage non verbal, qui, lui, ne ment jamais, alors qu'on peut faire dire ce qu'on veut aux mots. Mais ne nous leurrons pas pour autant: il serait illusoire de laisser penser que l'information et la discussion préalables permettront d'aboutir presque à coup sûr au consentement. Vous allez parfois subir pendant des semaines la colère de votre parent, dès que vous tenterez de parler de maison de retraite, ou même simplement de la venue d'une aide à domicile. Tous vos efforts peuvent se solder par des moments particulièrement douloureux où tout y passe : l'accusation d'abandon, la culpabilisation (« Après tout ce que j'ai fait pour vous ! »), les menaces (« De toute façon, je m'échapperai ! »), même le chantage au suicide. N'hésitez pas à vous faire aider par des professionnels ou, entre autres, par le psychologue de l'établissement où résidera votre parent.

L'essentiel

- Il est impératif de préparer son parent à un départ en maison de retraite et ne pas lui raconter des histoires en lui faisant croire que cet événement est transitoire s'il ne l'est pas.

- Les promesses faites « à la légère » engendrent souvent une culpabilité terrible. Mieux vaut s'en expliquer que de prendre en charge son parent si on ne s'en sent pas capable.

Si la situation est trop douloureuse pour vous, n'hésitez pas à demander de l'aide aux professionnels, notamment au psychologue de l'établissement où réside votre parent.

Chapitre 8
Comment mieux s'entendre ?

Quand le caractère de nos parents devient difficile, la communication avec eux est souvent mauvaise. Voici quelques astuces pour arriver à désamorcer les conflits et continuer à entretenir une relation de qualité.

Miser sur l'authenticité

On l'a vu, il est inutile d'adopter un comportement si on ne le ressent pas vraiment, inutile d'affirmer à nos parents qu'on les aime si ce n'est pas le cas, ou qu'on est ravi qu'ils viennent dimanche si on avait envie d'aller chez des amis. Pourquoi ? Parce que 80 % des messages affectifs ne passent pas par les mots mais par les gestes, les intonations, les mimiques... Même quand on s'applique à rester le plus neutre possible, les sentiments

profonds sont toujours révélés par ce langage non verbal qu'il est impossible de maîtriser totalement. Pour s'en rendre compte, rien de tel que de prendre l'exemple de la langue étrangère : quand vous écoutez parler une personne dont vous ne connaissez pas la langue, vous êtes en mesure de dire si elle est en colère, si elle répond avec ennui ou si elle est ravie...
Entre ce que l'on dit et ce que l'on ressent, il y a parfois tout un monde, très bien perçu par notre interlocuteur et source de nombreux malentendus. Mais il n'est pas toujours facile de faire coïncider nos propos avec nos émotions. Parce qu'on a peur de faire de la peine, peur de fâcher, peur de s'emballer. Il faut donc revisiter notre façon de nous exprimer, en tenant compte de nos émotions.

Dire ce que l'on ressent, au moment où on le ressent

Pour être en mesure de faire passer un message authentique, il faut d'abord être au clair avec ses émotions, ne pas les enfouir sous des pensées parasites qui masquent ce que l'on ressent. Exemple ? Votre mère arrive en retard comme d'habitude à votre rendez-vous et cela vous agace prodigieusement. Au lieu de faire comme si de rien n'était, ou de marmonner «De toute façon, ça ne changera rien si je le lui dis», de faire des sous-entendus: «Les magasins vont bientôt fermer», ou encore de penser tout bas: «Elle le fait exprès, cette bourrique», toutes choses qui n'enlèvent rien à votre rancœur, mieux vaut saisir l'occasion de dire votre sentiment, en utilisant d'emblée le «je». Petit dialogue constructif:

«Je suis ennuyée que tu sois en retard» = expression de votre sentiment.

«Je pensais aller chercher ma robe et nous n'aurons pas le temps» = conséquence de son retard.

«La prochaine fois, comment faire pour que tu arrives à l'heure? Je passe te chercher, papa te laisse à la bouche de métro...» = recherche de solution.

Votre mère peut bien sûr se justifier, dire qu'elle a tourné une heure avant de trouver une place... Oui, oui, peut-être, mais vous, vous lui avez dit ce que vous aviez sur le cœur et vous êtes soulagée de votre ressentiment. On ne peut pas intervenir sur les réactions des autres, mais on garde toute liberté d'action sur son propre comportement...

Parler pour être entendu

Le problème avec nos parents, c'est que trop souvent on dit «oui» alors qu'on pense «non»... Prenons un exemple concret: votre parent vous demande de venir chez vous le week-end prochain et vous n'êtes pas d'accord.

• Voici la marche à suivre pour être entendu:
- Exprimez-lui clairement que ce n'est pas envisageable et donnez-lui vos vraies raisons: des courses à faire, une invitation chez des amis, envie d'intimité avec votre compagnon...
- Montrez de l'empathie: «Je comprends que tu sois chagriné.»
- Réaffirmez votre position: «Ce n'est vraiment pas possible.»
- Suggérez un compromis: «Mais un autre week-end, si tu veux...»

• Comparez maintenant avec la formule suivante:
«Il n'en est pas question» = réponse agressive.
«C'est trop compliqué» = pas d'explication.
«Avec ton mauvais caractère, ce n'est pas envisageable» = pas d'empathie.
«C'est non, un point c'est tout» = pas de compromis.
On mesure tout de suite l'avantage de la première

proposition, à moins bien sûr de vouloir couper définitivement les ponts.

• **Vous avez également à votre disposition le non «mou», ce qui donne:**
Vous: «Ben, ça va pas être pratique.»
Votre parent: «Tu ne me veux pas chez toi?»
Vous: «Si, si, c'est pas ça, mais...»
Vous voilà très mal engagé car vous repoussez simplement la discussion et n'avez pas réglé du tout le problème. Quand un parent ne veut rien entendre, les spécialistes de la communication suggèrent d'utiliser la technique du disque «rayé». En quoi consiste-t-elle? À répéter son point de vue sans en dévier, à persister dans la même direction, quoi qu'il en dise.

• **Ce qui donne:**
Votre parent: «Oui, mais moi, j'ai envie de venir.»
Vous: «Je sais bien, mais je t'ai expliqué pourquoi ce n'était pas possible...»
Votre parent: «Alors, tu ne veux pas nous voir!»
Vous: «Si, je comprends que tu sois déçu, mais ce n'est pas possible à cette date.»

Respecter son parent

Rien n'est plus agaçant que ces adultes qui s'adressent à leurs parents comme s'ils parlaient à des enfants. On entend trop souvent dire que les personnes âgées retombent en enfance. C'est faux. Même si leur situation de dépendance peut rappeler celle des tout-petits, nos parents ont tout un vécu qui ne permet pas la comparaison. Quand un parent est diminué, on peut être tenté de lui donner des ordres, de faire les choses à sa place, de ne pas l'impliquer dans les décisions qui le concernent. Toutes ces attitudes sont très humiliantes pour notre parent, qui a déjà une mauvaise image de lui et ne peut se sentir que dégradé par notre attitude. Il faut donc y être particulièrement attentif en lui proposant de l'aide sans se précipiter pour faire les choses à sa place, sous prétexte que ce sera mieux fait ou plus rapidement. Sans oublier de toujours prendre en compte son avis et de continuer à lui montrer du respect, alors que toute la société lui en montre si peu... Pour vieillir sereinement, nos parents en ont plus que jamais besoin.

L'essentiel

- Pour être en mesure de faire passer un message authentique, il faut d'abord être au clair avec ses émotions, ne pas les enfouir sous des pensées parasites qui masquent ce que l'on ressent.

- Quand un parent est diminué, on peut être tenté de lui donner des ordres, de faire les choses à sa place, de ne pas l'impliquer dans les décisions qui le concernent. Toutes ces attitudes sont très humiliantes pour lui.

Conclusion

La vieillesse de nos parents constitue souvent une épreuve pour eux, comme pour nous. Plus ils avancent en âge, plus ils deviennent dépendants, plus il est nécessaire de trouver la juste distance pour conserver notre équilibre personnel, tout en leur apportant aide et affection.

Si nous essayons d'être au plus près de ce que nous ressentons quand nous nous trouvons en leur présence, nous pourrons peut-être conserver – voire découvrir – des relations plus authentiques, plus riches, plus chaleureuses avec nos parents, dans cette dernière étape de leur vie. Nous espérons que ce livre vous y aidera.

Bibliographie

BELOT A. ET CHABERT J., *Vivre le grand âge de nos parents,* Albin Michel, 2004.

CLÉMENT J.-P. ET DARTHOUT N., *Guide pratique de psychogériatrie,* Masson, 2002.

DELAHAIE P., *Être la fille de sa mère et ne plus en souffrir,* Marabout, 2002.

ELIACHEFF C. ET HENICH N., *Mères-filles, une relation à trois,* Albin Michel, 2002.

FILLIOZAT I., *Que se passe-t-il en moi ?* Marabout, 2002.

FORWARD S., *Parents toxiques, comment se libérer de leur emprise,* Marabout, 2002.

ORAZZO M., *Comment vivre une retraite heureuse, les cinq étapes clés,* InterEditions, 2004.

SARAUX DR. A., *Mes parents vieillissent, comment les aider à bien vieillir,* Bonneton, 2004.

Contacts utiles

Association France Alzheimer et maladies apparentées : 21, boulevard Montmartre, 75002 Paris. Tél. : 01 42 97 52 41. Fax : 01 42 96 04 70.
Site Internet : www.francealzheimer.org

ALMA (Allo Maltraitance des Personnes Agées) : Tél. : 08 92 68 01 18.
Site internet : www.alma-france.org

www.agevillage.com : site d'information, de conseils et de services pour les familles qui accompagnent un parent âgé.

Union des centres communaux d'action sociale (UNCCAS) : 6, rue Faidherbe, BP 568, 59208 Tourcoing Cedex. Tél. : 03 20 28 07 50, fax : 03 20 28 07 51. Site Internet : http://www.unccas.org. Les centres locaux d'information et de coordination (CLIC), les « espaces aînés » centralisant les informations pour les seniors (services de soins, repas à domicile, loisirs, recherche de maisons de retraite...) en dépendent. On peut aussi s'adresser à la mairie de sa commune.

Handicap auditif

Association française pour l'information et la défense des sourds s'exprimant oralement (AFIDEO) : 79, rue du Commerce, 75015 Paris. Fax : 01 40 43 17 43.
Site Internet : www.afideo.org

Prévention du suicide

La Fédération SOS Amitié France : 11, rue des Immeubles-Industriels, 75011, Paris. Tél. : 01 40 09 15 22 (secrétariat).
Les numéros locaux sont sur le site Internet :
www.sos-amitié.com

Fédération des associations de conjoints survivants (FAVEC) : 28, place Saint-Georges, 75009 Paris.
Tél. : 01 42 85 18 30.
Site Internet : www.favec.asso.fr
Cette association donne des informations : droit, défense auprès des pouvoirs publics, et propose une aide morale.

Table

AUTRES OUVRAGES DES AUTEURS

CLAUDINE BADEY-RODRIGUEZ

Les Personnes âgées en institution, vie ou survie ?,
Séli Arslan, 1997

La Vie en maison de retraite,
Albin Michel, 2003

Dans la même collection

Claude Allard et Cécile Dollé
Qu'est-ce qu'il y a à la télé ? – Aider nos enfants dans leur choix

Dr Patrick Blachère et Sophie Rouchon
Petites infidélités dans le couple – Ça passe ou ça casse ?

Stéphane Bourcet et Isabelle Gravillon
Mon enfant a été agressé – Dans la rue, à l'école, à la maison…

Christine Brunet et Nadia Benlakhel
C'est pas bientôt fini, ce caprice ? – Les calmer sans s'énerver

Dr Dominique-Adèle Cassuto et Sophie Guillou
Ma fille se trouve trop ronde – Que dire, que faire ?

Gérard Chauveau et Carine Mayo
Il a du mal à apprendre à lire – Comment l'aider ?

Dr Stéphane Clerget et Pascale Leroy
Élever un garçon aujourd'hui – En faire un homme, pas un macho !

Béatrice Copper-Royer et Guillemette de La Borie
Non, tu n'es pas encore ado ! – Les 8-12 ans sont toujours des enfants

Jocelyne Dahan et Anne Lamy
Un seul parent à la maison – Assurer au jour le jour

DR PATRICE HUERRE ET LAURENCE DELPIERRE
Arrête de me parler sur ce ton ! – Comment réagir ?

GINETTE LESPINE et SOPHIE GUILLOU
Surmonter le chômage en famille – Comment rebondir ?

XAVIER POMMEREAU ET LAURENCE DELPIERRE
En ce moment, mon ado m'inquiète – À tort ou à raison ?

GÉRARD POUSSIN ET ANNE LAMY
Réussir la garde alternée – Profiter des atouts, éviter les pièges

NICOLE PRIEUR ET ISABELLE GRAVILLON
Arrêtez de vous disputer ! – Faut-il se mêler des conflits des enfants ?

EMMANUELLE RIGON ET MARIE AUFFRET-PERICONE
Je rassure mon bébé – L'apaiser et l'encourager, de 0 à 2 ans

MYRIAM SZEJER ET MARIE AUFFRET-PERICONE
L'entrée à la maternelle – Une grande aventure pour l'enfant

GILLES-MARIE VALLET ET ANNE LANCHON
Moi, j'aime pas trop l'école – Le comprendre, l'aider

Conception graphique et réalisation : Louise Daniel.
Impression : Bussière en octobre 2005.
Éditions Albin Michel, 22, rue Huyghens, 75014 Paris
www.albin-michel.fr
ISBN : 2-226-16873-7
N° d'édition : 23721. – N° d'impression : 053844/1.
Dépôt légal : novembre 2005.
Imprimé en France.